A DIFFERENT EDEN
UN EDÉN DIFERENTE

First published in 2021 by
The Dedalus Press
13 Moyclare Road
Baldoyle
Dublin D13 K1C2
Ireland

www.**dedaluspress**.com

ISBN 9781910251928 (paperback)
ISBN 9781910251935 (hardback)

Dedalus Press titles are available in Ireland
from Argosy Books (www.argosybooks.ie) and in the UK
from Inpress Books (www.inpressbooks.co.uk)

Cover image © Rachel Parry, detail from *Eve*.
Materials: snakes sheds, acrylic paint, apple wood, lichen, fabric,
size 980 x 610 x 530 mm.

The Dedalus Press receives financial assistance from
The Arts Council / An Chomhairle Ealaíon.

A DIFFERENT EDEN

Ecopoetry from Ireland and Galicia

UN EDÉN DIFERENTE

Ecopoesía de Irlanda e Galicia

Translated by Keith Payne
and Isaac Xubín

Edited by Keith Payne, Lorna Shaughnessy
and Martín Veiga

DEDALUS PRESS

A NOTE ON THE LAYOUT OF THE POEMS AND TRANSLATIONS

Poems in this book were originally written in Galician and English or Irish and then translated. The symbol ⁀ appearing beside the name of a poet in the main body of the book indicates the original language of the poem.

Contents

QUE FOI O QUE FIXESTES CO MUNDO?
WHAT HAVE YOU DONE WITH THE WORLD?

CANDO NON ERAMOS O CENTRO DO UNIVERSO
WHEN WE WERE NOT THE CENTRE
OF THE UNIVERSE

⌒

INTRODUCIÓN

ende a súa localización na faixa occidental de Europa,
Irlanda e Galicia teñen en común características
xeográficas e históricas. Ambas as dúas foron sociedades
tradicionalmente agrícolas que comparten unha longa historia
de migración económica. Algunhas das expresións máis vívidas
das nosas paisaxes e historias compartidas atópanse na súa poesía,
particularmente no emerxente xénero da ecopoesía, que reflexa
a crecente conciencia sobre a fraxilidade dos ecosistemas que
habitamos. Pero tamén existen diferenzas importantes entre Galicia
e Irlanda nos modos en que nos relacionamos coa terra e coas
distintas formas de vida coas que poboamos a nosa contorna. Estas
diferenzas provocan ás persoas que che acheguen a esta antoloxía
para que reflexionen sobre o xeito en que percibimos a terra, por
exemplo, ou a vida animal. Inevitablemente, suscitan fascinantes
retos culturais e lingüísticos para os tradutores, retos que foron
afrontados con enxeño e innovación nas traducións do galego ao
inglés de Keith Payne e do inglés e do irlandés ao galego de Isaac
Xubín.

Pásase por alto, adoito, a contribución da tradución
ao ecoloxismo. A xénese dun movemento internacional
comprometido co ambiente sería imposible sen a tradución do
coñecemento científico e vernáculo sobre diversas realidades
ambientais do planeta. Os tradutores sempre estiveron
comprometidos co tema da extinción: a desaparición en curso
de idiomas é un subproduto da degradación ambiental que nos
legaron séculos de prácticas económicas coloniais, neocoloniais
e neoliberais. Este fenómeno é moi familiar para os poetas que
escriben en linguas 'minorizadas', como o galego ou o irlandés,
cuxa práctica creativa preserva a biodiversidade lingüística das
literaturas, tanto as nacionais como as internacionais.

INTRODUCTION

❧

From their location on the western fringe of Europe, Ireland and Galicia have many geographical and historical features in common. Both were traditionally agricultural societies that share a long history of economic migration. Some of the most vivid expressions of our shared landscapes and histories are to be found in the poetry of both places, particularly in the emerging genre of ecopoetry, which reflects a growing awareness of the fragility of the ecosystems we inhabit. But there are also important differences between Galicia and Ireland in the ways we relate to the land and to the life forms we share our environment with. These differences provoke the reader of this anthology to reflect on how we perceive land, for example, or animal life. They inevitably pose fascinating cultural and linguistic challenges to the translator, challenges which have been met with ingenuity and innovation in the translations from Galician to English by Keith Payne and from English and Irish to Galician by Isaac Xubín.

The contribution of translation to environmentalism is too often overlooked. The emergence of an international environmental movement would have been impossible without the translation of scientific and vernacular knowledge about diverse natural environments across the globe. Translators have always had to engage with the issue of extinction: the ongoing disappearance of languages is a by-product of the environmental degradation that has resulted from centuries of colonial, neo-colonial and neo-liberal economic practices. This phenomenon is all too familiar to poets who write in 'minoritised' languages, such as Galician or Irish, whose creative practice preserves the linguistic bio-diversity of both national and international literatures.

O feito de que vivamos e traballemos nunha época de crise 'global' converteu a expresión nunha especie de frase feita; botamos mans dela con demasiada facilidade e perdeu o seu valor por mor do exceso de uso. Non obstante, é certo que a crise medioambiental que creamos transcende as fronteiras nacionais. A pesar de que é esencial que comprendamos as presións sobre os ecosistemas máis pequenos, é igualmente importante que miremos máis alá da nosa contorna inmediata e aprendamos os uns dos outros para facer fronte aos desafíos.

Un Edén diferente contén a obra de 38 poetas que escriben en galego, irlandés ou inglés; neste senso, o libro é trilingüe. Optamos por agrupar os poemas de forma temática en cinco seccións para que poidan entrar en diálogo entre si, a través das diferenzas lingüísticas e culturais. As tendencias temáticas abranguidas en cada unha das cinco seccións non foron predeterminadas, senón que evolucionaron ao longo do proceso de selección, emerxendo en gran medida dos propios poemas. A primeira sección, 'Aprendendo a ladrar', reúne poemas que se centran na relación entre os idiomas e os medios en que se falan, escoitan, escriben e len. Neste momento de crise aguda, se agardamos crear unha nova relación coa nosa realidade ambiental, tamén necesitamos atopar diferentes linguaxes a través das que concibir e conducir esa relación. A ecopoesía ten a capacidade de expoñer as limitacións da linguaxe herdada na contorna porque o enfoque das palabras dun poeta é sempre o da procura, a exploración e a interrogación; é na innovación poética coa forma e a linguaxe onde podemos encontrar xeitos alternativos de percepción, apreciación e comunicación co resto do mundo natural.

Volveuse cada vez máis difícil e problemático escribir poemas de loanza sobre o mundo natural: a dor e a desesperación, con razón, entremétense. Os poemas reunidos na segunda sección, 'Que foi o que fixestes co mundo?', son sen dúbida os máis crus da antoloxía e tratan sobre o dano infrinxido ao mundo físico e a outras formas de vida pola industria e os afáns humanos. Moitos destes poemas comunican a conciencia de que ao danar o noso ambiente estamos a danarnos a nós mesmos, que a extinción

The fact that we live and work in a time of 'global crisis' has become something of a cliché; it trips off the tongue too easily and has lost value through overuse. It is true that the environmental crisis we have created reaches beyond national boundaries. While it is essential that we understand the pressures on even the smallest of ecosystems, it is equally important that we look beyond our immediate environment and learn from each other, in order to meet these challenges.

A Different Eden contains the work of 38 poets writing in Galician, Irish or English; the book is in this sense tri-lingual. We have chosen to group the poems thematically into five sections so they can enter into dialogue with each other, across linguistic and cultural divides. The thematic tendencies captured in each of the five sections were not predetermined, but evolved throughout the selection process, emerging very much from the poems themselves. The first section, 'Learning to Bark', brings together poems that focus on the relationship between languages and the environments where they are spoken, heard, written and read. At this time of acute crisis, if we hope to create a new relationship with our environment, we need also to find different languages through which to conceive and conduct that relationship. Ecopoetry has the capacity to expose the limitations of inherited language about the environment because a poet's approach to words is always one of quest, exploration and interrogation. Poetic innovation with form and language can open up alternative modes of perception, appreciation of, and communication with the rest of the natural world.

It has become increasingly difficult and problematic to write poems of praise alone about the natural world – grief and despair, rightly, intrude. The poems gathered in the second section, 'What Have you Done with the World?', are undoubtedly the most stark in the anthology, and deal with the harm inflicted on the physical world and other life forms by human industry and endeavour. Many of these poems communicate the awareness that in harming our environment we harm ourselves, that the extinction of a species impoverishes

dunha especie empobrece ecosistemas enteiros e que estamos a colocarnos nunha posición de perigo ao pensarnos fóra deles. Hai un sentido de urxencia aquí, da necesidade de actuar e a necesidade de pasar 'do ego ao eco'*, recoñecendo a conexión mutua de todas as formas de vida no planeta.

Ao longo do noso proceso de selección buscamos poemas que fixesen algo máis ca explotar a natureza e a vida animal como fontes de metáfora da emoción e o pensamento humanos. Se ben hai moitos poemas adoito expresivos escritos tanto en Irlanda como en Galicia que usan imaxes e metáforas nacionais deste xeito, para esta antoloxía centrámonos en poemas cunha visión do mundo menos egocéntrica e máis ecocéntrica. A sección tres, 'Cando non eramos o centro do universo', polo tanto, remarca a necesidade de humildade entre os membros da nosa especie. Estes son poemas que van máis alá dos convencionais tropos animais para permitir que o mundo animal ocupe o centro do escenario, poemas que nos instan a sintonizarnos, observar, escoitar máis de preto e aprender de toda a vida que nos rodea. É fascinante que estes poemas, ao mesmo tempo que subliñan a 'outredade' e o misterio da vida animal, tamén inspiran un xeito máis respectuoso e sostible de relacionarnos entre todos.

A sección catro, 'Non hai terra mítica', recompila poemas que tratan sobre as realidades de vivir e traballar na terra e coa terra. Aquí, reunimos as voces de poetas que teñen traballado para contradicir os conceptos de administración e dominio humanos que tanto dano irreversible causaron ao mundo material. Nestes poemas atopamos as perspectivas e os esforzos que buscan a cooperación, e non a explotación, dos ambientes que habitamos. O vello pensamento dualista que separa o ser humano do resto da natureza só produciu o trazado de divisións arbitrarias e falsas entre especies e ecosistemas. Agora sabemos que todos formamos parte dun continuo de vida no planeta: nunca estivemos separados.

---

* S.L. Müller and T.K. Pusse (Eds.) *From Ego to Eco. Mapping Shifts from Anthropomorphism to Ecocentrism.* Brill/Rodopi (Leiden, 2018).

whole ecosystems from which we exclude ourselves at our peril. There is a sense of urgency here, of the need for action and the need to move 'from ego to eco'*, recognising the interconnectedness of all life forms on the planet.

Throughout our selection process we have sought poems that do more than exploit nature and animal life as sources of metaphor for human emotion and thought. While there are many richly expressive poems written in both Ireland and Galicia that use natural imagery and metaphor in this way, for this anthology we focused on poems with a less egocentric and more ecocentric take on the world. Section Three, 'When We Were Not the Centre of the Universe', therefore stresses the need for humility among our species. These are poems that move beyond conventional animal tropes to allow the animal world to occupy centre stage, poems that urge us to tune in, watch, listen more closely, and learn from all life around us. It is fascinating that these poems, while stressing the 'otherness' and mystery of animal life, also inspire a more respectful and sustainable way of relating for all of us.

Section Four, 'No Mythical Land', collects poems that deal with the realities of living and working on and with the land. Here, we gather the voices of poets whose work counters the concept of human stewardship and dominion that has done so much irreversible damage to the material world. In these poems we meet human perspectives and endeavours that seek cooperation with, rather than exploitation of, the environments we inhabit. The old dualistic thinking that separates human from nature has only ever resulted in the drawing of arbitrary and false divisions between species and ecosystems. We now know that we all form part of a continuum of life on earth; we have never been separate.

The anthology's title alludes to Paula Meehan's poem, 'A Different Eden', which draws on myth and feminism as

---

* S.L. Müller and T.K. Pusse (Eds.) *From Ego to Eco. Mapping Shifts from Anthropomorphism to Ecocentrism.* Brill/Rodopi (Leiden, 2018).

O título da antoloxía alude ao poema de Paula Meehan, 'Un Edén diferente', que fai uso do mito e do feminismo como instrumentos cos que desafiar os sistemas patriarcais. O seu poema rexeita a ecuación que cingue o medio natural co Edén bíblico e con calquera noción dun 'retorno' á inocencia primordial. Os poemas desta colección tamén expoñen a falta de inocencia que sempre caracterizou a explotación do planeta por parte da nosa especie e esfórzanse por construír novas relacións baseadas na honestidade e a responsabilidade. Xa que logo, a sección final, 'Un Edén diferente', recolle poemas que nos amosan formas alternativas de estar no mundo. É importante lamentar o dano causado ao ecosistema e recoñecer a vergonza de ser a súa principal fonte. Non obstante, para actuar, a visión dun futuro mellor é igualmente importante: un Edén que agardamos de xeito activo e afouto.

— Keith Payne, Lorna Shaughnessy
e Martín Veiga

ways of challenging patriarchal systems. Her poem rejects the equation of the natural environment with the biblical Eden and any notion of a 'return' to primordial innocence. The poems in this collection also expose the lack of innocence that has always characterized our species' exploitation of the natural environment, and strive to build new relationships based on honesty and responsibility. Therefore, the final section, 'A Different Eden', gathers poems that show us alternative ways of being in the world. It is important to grieve the environmental damage done, and own the shame of being its principle source. In order to act, however, a vision of a better future is equally important – an Eden to look forward to with action and resolve.

— Keith Payne, Lorna Shaughnessy
and Martín Veiga

APRENDENDO A LADRAR

Oh voz, este mundo
que queres capturar e sustentar
brilla e escorrega a través
de cada palabra que moldeas.

('Keep-Net', Mark Roper)

LEARNING TO BARK

Oh voice, this world
you'd catch and keep
shines and slips through
each word you shape.

('Keep-Net', Mark Roper)

O nome das cousas

a Manolo Romero

Gustaríame ter algún sentido máis,
máis música na cabeza
máis cores
ou máis coñecemento
para poder dicir este é o estorniño
e esta, a pega marza. Aquí
dáse a *Sagittaria sagittifolia.*

Angazo de pau, angazo de ferro,
gadaño, legón, caldeiro.
Trasno do lavadoiro no mes de xaneiro.

Frecha de auga,
por que só teñen nome nesta aldea
os trastes de levar ao lombo?
O rei do sacho
escapou co nome das cousas bonitas.

LUZ PICHEL

The Name for Things

to Manolo Romero

I'd like to have one more sense,
more music in my head,
more colours,
I'd like to know more
just so I could say, that's a starling,
and this, a jay. And here
we have *Sagittaria sagittifolia*.

Wooden rake, rake of iron,
stew pot, hoe and scythe.
A washing rock in the depths of January.

Arrowhead,
why is it in this *aldea* they only name
the things you can heft on your back?
The King of The Pick
escaped with the names for all the beautiful things.

LUZ PICHEL

A baronía de Erris

Cando a primeira foca falou na lingua que dominaba,
toda a baronía nadaba no seu ollo vidroso.
Eles escoitaron os berros das focas como propios,

polo que tentaron nomear o breixo e o estraño peixe
que atoparon xirando sen fala no berce da rede.
Pero aínda quedaba ese ceo que nunca era igual

e demasiados outeiros que apenas merecían nome
e, ademais, de que che serviría iso algunha vez?
As focas desertaron co cardume da marea

como o clima que se nega a posar para o pintor,
e a lingua escordou loitando no interior da boca
coa solicitude dun visado e papeis para o subsidio.

A anguía liberouse finalmente do folclore para cruzar
o prado tosquiado polos camiños do mar. O armiño
agochouse dos labregos. A deidade monocular

deixou as montañas e descendeu sobre as súas antenas
de forma máis fiable que cando, nos lugares altos,
os lumes dos cumios clareaban os seus brillantes chanzos.

SEÁN LYSAGHT

Erris

When the first seal spoke in that language she mastered,
the whole barony swam in the lens of her eye.
They heard the seal's cries as the cries of their own kind,

so they tried naming the heathers, and the strange fish
they found turning speechlessly in the net's cradle.
But there was still that sky that wouldn't stay the same

and too many hills scarcely deserving their names
and, besides, what use to you will that ever be?
The seals deserted with the running shoal of tide

like weather that refused to pose for the painter,
and the tongue writhed out of the mouth in its struggle
with visa applications and subsidy forms.

The eel was finally free of folklore to cross
the shorn meadow on its way to the sea. The stoat
hid from the haymakers. The one-eyed deity

abandoned the mountains and came down their aerials
more reliably than when, in the high places,
the hilltop fires lit their stoops and flickering faces.

SEÁN LYSAGHT

Silvaescura

Quixera unha palabra lindar
alcanzar unha casa unha cidade un aeroplano

vive nos confíns
nesta fraga todas as terras os animais as árbores
son palabras

agora é primavera
e nos noiros as lilas as abróteas os narcisos
todas son palabras

miden o inconmensurábel
son veloces e inmóbiles

quixera a palabra ser paxaro
este que deita o seu canto no azur
aquí

na fraga
no idioma

quixera unha palabra lindar

CHUS PATO ⪦

Wilds

A word longs to adjoin
to reach a house a city an aeroplane

it lives on the edges
in this forest all the lands the animals the trees
are words

now it's spring
and on the slopes the lilacs the buds the daffodils
all are words

they measure the incommensurable
are swift and still

a word longs to be bird
the one that lays its song in the blue
here

in the forest
in the language

a word longs to adjoin

CHUS PATO

O glosario do carballo

na lingua do carballo, *ceo*
articúlase tremelicando as follas
para producir un son calado.
no inverno, por suposto, *ceo* é mudo.

deus séntese no floema e no xilema
como un eco profundo de auga: un ruído grave
que debe ser examinado pousando
unha orella na codia. para os carballos, *canto*

(que é semellante a *canción)* prodúcese
a través dos ritmos de aire que saen e entran
das pólas nunha lenta sucesión.
en días calmos, *canción* non é posible.

as palabras máis familiares, como *neno,*
home, muller, son descoñecidas, foron
perdéndose en desuso. para o carballo
algúns dos nomes esenciais son *chan,*

auga e *tempo:* estes prodúcense
a partir dos seus elementos. *auga* é un ruído
agudo e suave da máis clara cualidade,
produto das pingueiras que caen das pólas.

para *chan,* ou *terra,* un atado das raíces
pode sentirse como unha tensión grave baixo os pés.
tempo, pola contra, é máis visual
que auditivo e distínguese polas

súas concepcións lineal e circular.
como é ben sabido, *tempo circular*
en carballo comunícase
de xeito máis vívido sobre un nó

Oak Glossary

in the language of the oak, *sky*
is made by shivering the leaves
to produce a hushing sound.
in winter, of course, *sky* is silent.

god is felt in the phloem and xylem
as a deep echo of water – a low noise
that must be observed by placing
an ear to the bark. for oaks, *chanting*

(which is akin to *song*) is produced
via rhythms of air brought in and out
of the branches in slow succession.
on still days, *song* is not possible.

the familiar words, such as *child,*
man, woman, are unknown, having
fallen quiet from disuse. in oak,
essential nouns include *soil,*

water and *time* – these are produced
from their elements. *water* is a high
and gentle noise of clearest quality
which results from branches dripping.

for *soil,* or *earth,* a fastening of the roots
can be felt as a low tension underfoot.
time, on the other hand, is more visual
than aural, and is distinguished into

its linear and circular conceptions.
as is well-known, *circular time*
in oak is communicated
most vividly at the site of a knot

ou alí onde o durame foi exposto.
a variedade lineal séntese só
nalgunhas ocasións. é así que se produce zume
co propósito de correr a través do corpo.

SEÁN HEWITT

or where the core has been exposed.
the linear variety is felt only
on occasion. for this, sap is produced
and is made run from the body.

SEÁN HEWITT ⌇

29 de xaneiro do 2002

querida mamá: estou aprendendo a ladrar.

une saison en enfer. repite comigo une-saison-en-enfer.

trinta xeracións de meu analfabetas eu
estou aprendendo a ladrar.
marcar un nunca territorio coa epiglote
coma un cadelo coma un can de palleiro
escadelearme ata volver en min en can entón pronuncio
Walt Walt
Walt Whitman mamá.

estou aprendendo a ladrar.
póñome de cu pró sol agárrome a unha aixada e
tento imitar o son do cuco do cuco de cu pró sol entón
a miña gorxa esprémese de dor
e oulan coma nunca os futuros posibles que nos fan esbombar
    as veas
coma unha pota de leite na lareira.

os ollos do meu amor levan dentro
o troupeleo dos chocallos un contrautro un contrautro
da novena sinfonía de Gustav Mahler
mamá.

e eu míroche prós ollos prós olliños estás tan cansa
pero eu non e aquí
é o intre da furia can
escoito con atención a campá de cris
tal dos teus soños incumpridos
coma unha escultura delicada de Brancusi
de Cons tan tín Brancusi.

29 January, 2002

Dear mam: i am learning to bark.

une saison en enfer. say it with me une-saison-en-enfer.

thirty generations of mine illiterate i
am learning to bark.
marking out my never land with the epiglottis
like a pup or a mountain mongrel
bitching till i'm back in me a dog and then i say
Walt Walt
Walt Whitman mam.

i'm learning to bark.
arse in the air i grab a hold of a hoe
and as i swing i sing the cuckoo's tune cuckoo to the sun
and my throat is shattered
and all the future possibilities that pump through our veins howl
like a pot of milk over the fire.

my lover's eyes carry inside
the cowbells ringing oneagintheother oneagintheother
from Mahler's ninth symphony
mam.

and i look into your eyes mo mhuirnín you're so tired
but i'm not and this here
is the time of the vicious cur
i listen carefully to the tinkling of the crys
tal of your concealed dreams
like a fragile Brancusi
Cons tan tin Brancusi.

unha vez e outra vez o corazón grandísimo
igual ca unha cerrota andoa o outono es ti ou ou ou loba
velaquí me tés bailando berrando choutando
unha mestra gutural un volcanciño gutural
coma Virginia Woolf coma Virginia Woolf coma Virginia Woolf.

eu míroche prás mans podería lamberche as cicatrices das mans
ata que deran luz
e curarche as hernias discais cun só verso alexandrino
cunha sílaba de centeo cru cun oh-là-là e despois despois
contar unha por unha as túas canas enraizadas nas idades do
    mundo
a túa lingua plantígrada mamá
podería mesmo reestructurarche a osamenta
co implante dunha canción anarquista.

ás veces sinto a dor sedimentándose
lámina
por
lámina
coma a pizarra:
é un esguince emocional chantado na caluga
e para ladrar así ás veces é preciso chorar iodo
abrir os xeonllos cunha gadaña ata ver o sol tan preto
a tres centímetros do iris

mamá
eu tiña que mamar da túa médula
asombrar o mundo cando che baixa a compaixón ás caries
e ós peitos
caídos
co cansazo.

para poder ladrar eu tería que rillar durante anos
a túa alerxia ó pó á peluxe dos chopos

again and again the heart huge
like an enormous toadstool and you the autumn in your wow
   wow wow wolf
and here you have me dancing roaring leaping
a guttural maestra a spluttering volcano
like Virginia Woolf like Virginia Woolf like Virginia Woolf.

i look at your hands i could lick the scars of your hands
till they gave birth
and heal your herniated disc with just one alexandrine
with a single syllable of raw rye with an oh-lá-lá and after after
count them one by one your grey hairs rooted in the ages of the world
your ursine tongue mam
i could even rebuild your skeleton
with the implant of an anarchist song.

sometimes i see the pain settling on you
layer
upon
layer
like slate:
it's an emotional twist in the back of the neck
and sometimes to bark like this i need to cry iodine
cleave my knees with a scythe till you see the sun appear
an inch from my iris

mam
i'd have to suckle on your marrow
amaze the world as when your compassion falls to your decayed teeth
and to your breasts
sagging
from exhaustion.

to bark i'd have to gnaw for years
on your allergy to dust and poplar fluff

a túa anemia circulando en sentido inverso polo sangue
tería que ir contigo enterrar o teu irmán de vintesete anos e
apretar a meixela para non tronzar a lingua
coa súa tuberculose mamaíña.

ben sei eu que para poder ladrar
tería que ir contigo á miña infancia
e verme morrer case deshidratada
e pregarlle á virxe na que non cres
que me devolvera á vida de tres meses e medio

e soldarme no teu colo para sempre
coma unha peza de ferro do teu ventre.

non penses que non sei que para poder ladrar
tería que ir contigo ás derradeiras horas
da mamá Carmiña agarrada ás catro puntas do seu pano
e ó teu bazo.

ben o sei ben sei eu todo
que para eu aprender este ladrido
á fin fixeron falla
mil mulleres lavando arreo no río de Saá
e mil arando e dúas mil cosendo e cinco mil
apañando cozas e garabullos no medio do monte e Ti
sobre todo ti plantando pinos nun serragoto inmenso
desaprendendo canto es
esfuracando as túas dúbidas.

querida mamá: estou aprendendo a ladrar.

alguén me ve abríndome a queixada ata que a fendo e digo xa
xa ladro ou coma o can non non
coma Camille Claudel coma Camille Claudel coma Camille
Claudel
coma Camille mamá no mármore
coma Camille

your anaemia running backwards through your blood
i'd have to go with you and bury your 27-year-old brother and
clench my jaw tight not to cut my tongue
on his tuberculosis mo mhamaí.

i know that to be really able to bark
i'd have to go with you to my childhood
and see myself die almost dehydrated
and pray to the virgin you don't believe in
to take me back to when i was three-and-a-half months

and weld me to your lap for ever
like an iron scrap in your belly.

and don't think that i don't know that to bark
i'd have to go with you for the final hours
of Granny Carmiña holding onto the four corners of her scarf
and your spleen.

i know i know in the end
for me to learn this bark
everything was necessary
a thousand women constantly washing in the river Saa
a thousand ploughing two thousand sewing five thousand
gathering sticks and roots on the hillside and You
most of all you planting pines on a great hill
unlearning everything you are
puncturing your doubts.

dear mam, i am learning to bark.

someone sees me open my jaw till it cracks and i say
i am barking ooh like a cay nine like the can non
like Camille Claudel like Camille Claudel like Camille Claudel
like Camille mam in marble
like Camille

coma Walt Whitman Walter Benjamin vou mamá
vou deica ti
vou eu vou
outa
outa
ouh …

OLGA NOVO ⌒

like Walt Whitman Walter Benjamin i'm coming mam
to you
coming i'm coming
up
up
ooh …

OLGA NOVO

Buda contempla o baraois

Dinme que aquí se lle chama *baraois*,
ou que adoitaba chamarse, ao brillo súpeto

dos bancos de xardas baixo unha lúa chea.
Un caudal fosforescente. Alí, e logo marcha.

Que adoitaba chamarse, din, porque agora
xa non hai pescadores na procura de sinais

e agora non hai ninguén, dinme,
que camiñe polo cantil á noite e saiba

como buscalo, ou que saiba sequera a palabra.
E penso neses lugares altos nos que estiven

onde ninguén sabe escoitar, ou que coñeza
a palabra para ese pequeno fluxo de auga derretida

desde a parte alta da aba, que nos di que o leopardo das neves
parou durante un anaco e despois pasou calado.

PADDY BUSHE

Buddha Considers the Baraois

The *baraois*, they tell me it's called here,
Or used to be called, the sudden gleam

Of mackerel shoaling under a full moon.
A phosphorescent swelling. There, then gone.

Used to be called, they say, because now
There are no fishermen watching for signs

And there's nobody now, they tell me,
Who walks the cliff at night and knows

How to look for it, or even knows the word.
And I think of those high places I have been

Where nobody now listens for, or knows
The word for that tiny flow of meltwater

From the slope above, that means the snow leopard
Has paused awhile, and silently passed by.

PADDY BUSHE ᔑ

Philos

Lingua marcada a estilete nas mans enceradas.
Lingua escondida coa partitura do silencio
no envés dos pergameos que envolveron o canon.
Lingua toupa
abrindo galerías boca arriba,
a vomitar moreas de escuridade
no manuscrito da terra.
Lingua do enterro, do morto, das campás,
de quen fica no adro por fóra do sermón
como follas dunha árbore excomungada.
Lingua alada, que migra no esquecer,
que aniña onde doe,
no ceo do padal,
nas covas dos dentes,
no cantil das enxivas.
Óese mellor no lugar equivocado.
Abatida na brama, cando canta de celo.

MANUEL RIVAS

Philos

Language scored by a stylus onto waxed hands.
Language shrouded with the sheet music of silence
onto the back of parchments that cloaked the canon.
Language blinded,
burrowing up tunnels,
vomiting mounds of darkness
onto the earth's manuscript.
Language of burial, of death, of bells,
of those stood at the church door for the sermon
like fallen leaves, an excommunicated tree.
Language in flight, migrating into oblivion,
nesting where it most hurts,
on the roof of the mouth,
in the caves of the teeth,
on the cliffs of the gums.
It's best heard out of the way.
Languishing in rut, as she sings in heat.

MANUEL RIVAS

A sebe

Árbores, chan e follaxe
entrelazados no amor das idades,
o ceo como unha cunca envorcada
evitando calquera cambio que non sexa
a velocidade e o ritmo dos liques a medrar.

Baixo o dosel da sebe
debátense a vida e a morte:
un debate lento como a hedra
agatuñando polo tronco dun freixo,
un debate rápido como a musaraña afundindo
as agullas dos seus dentes
no corpo dun verme gordo.

A morte vence hoxe,
a vida vencerá mañá,
dan voltas unha enriba da outra
como se estivesen a loitar,
dende o milagre da primeira célula
que emerxeu do inanimado.

Neste complexo sistema,
un byte no seu lugar correcto
son todas e cada unha das follas,
cada pequeno coxín de musgo nas pedras,
cada panel brillante
na ala dunha libélula.

Non se pode descodificar,
non se pode comprender,
só podemos aspirar a sentir
esa razón estraña.

SIMON Ó FAOLÁIN

An Fál

Cré, luifearnach is crainn
snaidhmthe i ngrá na gcianta,
spéir mar bhabhla bunoscionn
cuireann cosc ar aon chlaochlú
nach dó rithim fháis an chrotail.

Fé cheannbhrat an fháil
tá beocht is bás ag plé –
díospóireacht mhall mar eidhneán
ag dreapadh stoc fuinseoige,
díospóireacht mhear an dalláin
ag cur bioráin a fhiacla
go doimhin i bpéistín teann.

Buann an bás inniu,
buafaidh beocht amárach,
ciorclaíonn siad a chéile
mar iomrascálaithe,
ó mhíorúilt an chéad cille
do thánaig as neamhbheocht.

I gcóras ríomhaire casta,
giotán san áit cheart
gach uile duilleog ann,
gach smut caonaigh ar na clocha,
gach pána geal i sciatháin
snáithide an diabhail.

Tá fuar agat a díchódú,
ní féidir í a thuiscint,
caithfear a bheith sásta
meabhar choimhthíoch a bhraistint.

SIMON Ó FAOLÁIN ᗒ

43

Cré,
luifearnach
is crainn

THE HEDGE

Soil, foliage and trees / entwined in the love of ages, / sky like an
upturned bowl / preventing any change / not to the speed and rhythm
of lichen growing. // Under the canopy of the hedge / life and death
are in discussion – / a slow debate like ivy / climbing an ash's trunk, / a
swift debate like the shrew / sinking the needles of its teeth / deep in a
fat worm. // Death claims victory today, / life will win tomorrow, / they
circle one another / like wrestlers, / since the miracle of the first cell / that
emerged from the inanimate. // In this complex system's hardware, / a
byte in its right place / is each and every leaf there, / each small cushion
of moss on the stones, / each bright pane in the wing / of the dragonfly.
You cannot decode it, / you cannot understand it, / you must be satisfied
/ to just feel this alien mind.

QUE FOI O QUE FIXESTES
CO MUNDO?

Non haberá
de súpeto estrondo

na cerna da extinción.

(de 'Non haberá', César Souto Vilanova)

WHAT HAVE YOU DONE
WITH THE WORLD?

There will be no
sudden bang

at the heart of extinction.

(from 'Non haberá', César Souto Vilanova)

A pregunta

Cando regresen os grandes barcos,
e abofé que volverán,
cando pousen no ceo
ao redor do mundo enteiro,
soles candentes durante o día,
á noite catedrais radiantes,
como responderemos á pregunta:

Que foi o que fixestes
con aquilo que se vos deu?
Que foi o que fixestes
co azul, fermoso mundo?

THEO DORGAN

The Question

When the great ships come back,
and come they will,
when they stand in the sky
all over the world,
candescent suns by day,
radiant cathedrals in the night,
how shall we answer the question:

What have you done
with what was given you,
what have you done with
the blue, beautiful world?

THEO DORGAN ∾

Entre os elementos nun tempo de guerra

A lingua branca da néboa non di nada
    cando lambe a montaña, os eidos e o lago
que fican mudos nos seus dialectos de lene luz,
    malia que os ceos da noite pasada amosaban o vigor
de estrelas a cantar na súa melodía
    de lume … e agora ves o xeito en que a auga
non deixa de tremer na xerra de vidro:
    como se o seu mexer fose un desvelo secreto
que a sólida terra baixo dos nosos pés inquedos
    sente en cada arreguizo de menisco
en tanto a tona da superficie resga un pouco
    e os obxectos ordinarios do mundo tatexan,
como se a aflixida cara da mesma terra
    coa súa indiferenza rota por un momento,
non puidese deixar de saloucar.

EAMON GRENNAN

50

Among the Elements in a Time of War

Fog's white tongue says nothing
    licking mountain and field and lake
so they're struck dumb to nothing
    in their base dialects of airy light
though last night's heavens were alive
    with stars all chanting their canticle
of fire … and now you see how water
    in this glass jug will not stop trembling –
as if its agitation were some secret
    worry the solid earth under our own
uneasy feet feels at each meniscus-shiver
    as surface ruptures a little and ordinary
objects of the world stutter
    as if the stricken face of earth itself
with its indifference for a moment broken
    could not stop sobbing.

EAMON GRENNAN ᔐ

Enumeración nunha praia do norte

Longueiróns (milleiros).
Cunchas invadidas polo petróleo dos mares do Norte.
Ossi di seppia.
Vidros.
Plásticos multicores.
Cus de botella.
Pallas.
Plumas.
Mondas de laranxa.
Cordas.
Algas.
Cortiza de piñeiros bravos.
Trapos.
Panos.
Aerosoles.
Pegadas dun can pastor.
Ameixas veteadas en negro de anorexia,
de anaerobiose e pesadelo béntico.
Troncos de árbores.
Escumas de polímeros.
Posidonias arrincadas polo mar bravo.
Puchas.
Redes (polietileno, monofilamento, enmalle).
Brochos.
Correas.
Luvas de infante con posibles.
Fumes.
Ondas.
Vasos de plástico rotos en estrías.
Zapatos.
Cangrexos calcinados.
Venus verrucosas.
Cortizas.

Enumeration on a Northern Beach

Razor clams (thousands).
Shells overwhelmed with petrol from the northern seas.
Ossi di seppia.
Glass.
Multicoloured plastics.
Bottle punts.
Straws.
Feathers.
Orange peels.
Ropes.
Seaweed.
Bark from maritime pines.
Rags.
Cloths.
Aerosols.
A sheepdog's paw prints.
Clams seamed in black from anorexia,
anaerobiosis and a benthic nightmare.
Tree trunks.
Polystyrene foam.
Seagrass hauled up by the rough sea.
Caps.
Nets (polyethylene, monofilament, gillnets).
Wrack.
Sea thong.
Mittens of a well-heeled infant.
Smoke.
Waves.
Plastic cups torn to shreds.
Shoes.
Charred crabs.
Venus verrucosa.
Tree bark.

Piñas de coníferas.
Latas de refrescos.
Tetrabriks de leite desnatado.
Posta de molusco cefalópodo.
Piche en bolas, en manchas, en pegadas nas cunchas e nas pedras.

The sea.
The sea that only brought confusion.

The North Sea.

XAVIER QUEIPO ⌒

Pinecones.
Drinks cans.
Cartons of skimmed milk.
Clumps of cephalopod eggs.
Balls of tar, tar stains, tar spattered on shells and stones.

The sea.
The sea that only brought confusion.

The North Sea.

XAVIER QUEIPO

Arde o Pindo

arden selvas e montes
arde o Cáucaso, o Osa e o Pindo.
— Ovidio, Metamorfoses, II, 224–225

nos días en que a cinza encontrou o limiar
da nosa lingua
os enxames de lagostas fuxiron
ao son da pandeirada de Nebra
as ás do deforme anxo de lume
bateron no Pindo
ardeu a pedra incombustíbel

escaravella a toupa de fogo
os seus túneles por baixo das árbores
plantadas pola man de meu pai
el volve morrer con cada árbore derrubada
eis a gadoupa do anxo esgazando a paisaxe
asinando nas mans, nas gorxas
nas casas onde non achou
as marcas do sangue

as fontes esqueceron os camiños
fundiuse o ouro do Sil
as sete bocas do Xallas ficaron baleiras
a auga subiu fervenza arriba
engruñouse o Mar de Fóra
os peixes van escorrentados cara ás foxas abisais
os arroaces non ousan chimpar fronte a Rostro
as luras verten bagullas de tinta

e os homes
os homes aínda xordos
ao que berra a voces
o monte queimado

MARILAR ALEIXANDRE ⌇

Mount Pindo Burns

the woodlands burn, and the hills
the Caucasus burn, and Ossa and Pindus.
— Ovid, *Metamorphoses*, II, 224–225

in the days when the ash
found the edge of our tongue
locust swarmed and fled
to the throb of *Pandeirada de Nebra*
the twisted wings of the angel of fire
beat over Mount Pindo
and the incombustible stones burned

the fire mole tunnelled under the trees
my father had planted with his own hands
he dies again with every fallen tree
behold the angel's paw tearing at the landscape
branding hands and throats
and the houses where he found
no bloodstains

the mountain springs forgot the paths
gold melted in Sil
the seven mouths of the River Xallas emptied
water foamed up the falls
huddled at Fóra
and the fish shoaled to the ocean deep
the dolphins don't dare leap at Rostro
the squid spurt tears of ink

and the men
the men are still deaf
to the roars
from the burnt mountain

MARILAR ALEIXANDRE

A morte do eido

O eido pérdese a mañá en que se converte en terreo edificable,
cando se fai público o Aviso: Concello de Fingal – 44 unidades.

A memoria do eido pérdese coa perda das súas herbas

Malia que as torcazas no salgueiro
os pimpíns no que queda de estripeiro
e a lavandeira no sabugueiro
canten a súa famenta canción de estío

As pegas semellan castañolas voadoras

E a memoria do eido desaparece coa súa flora:
quen pode coñecer o desexo da herba dos carpinteiros
ou o aperto da pimpinela escarlata
cuxa verdadeira cor é o laranxa?

A fin do eido é a fin dos escondedoiros
dos primeiros pitos, das primeiras caladas, das primeiras
apalpadas entre a macela sen recendo

A fin do eido como o coñecemos é o inicio do predio
o soar para plantar casas de dous -ou tres- dormitorios
Niño de dor e químicos, cargamento de ledicia

O final do mexacán é o comezo de Flash
O final da labaza é o comezo de Comfort
O final do cardo bravo é o comezo de Ariel
O final da primavera é o comezo de Brillo
O final do cardo é o comezo de Dixan
O final do abruñeiro é o comezo de Oxyaction
O final do xeranio é o comezo de Skip
O final da eufrasia é o comezo de Persil

Death of a Field

The field itself is lost the morning it becomes a site
When the Notice goes up: Fingal County Council – 44 units

The memory of the field is lost with the loss of its herbs

Though the woodpigeons in the willow
The finches in what's left of the hawthorn hedge
And the wagtail in the elder
Sing on their hungry summer song

The magpies sound like flying castanets

And the memory of the field disappears with its flora:
Who can know the yearning of yarrow
Or the plight of the scarlet pimpernel
Whose true colour is orange?

The end of the field is the end of the hidey holes
Where first smokes, first tokes, first gropes
Were had to scentless mayweed

The end of the field as we know it is the start of the estate
The site to be planted with houses each two or three bedroom
Nest of sorrow and chemical, cargo of joy

The end of dandelion is the start of Flash
The end of dock is the start of Pledge
The end of teazel is the start of Ariel
The end of primrose is the start of Brillo
The end of thistle is the start of Bounce
The end of sloe is the start of Oxyaction
The end of herb robert is the start of Brasso
The end of eyebright is the start of Persil

Quen de nós sería quen de enumerar o final das herbas
para enumerar as perdas de cada inflorescencia?

                                    Sairei un día
descalza baixo a lúa para recoñecer o campo
a través do tacto dos meus pés para escoitar
a miríade de follas que viven verdes e cantan
o millón de millóns de ciclos de voar no vento

Iso – antes de que o campo se converta en memoria dun lugar
no arquivo da pantalla dalgún arquitecto
podería posuílo ou el posuírme
a través do seu resío nocturno, a súa membrana de lúa branca
o seu brillo e o seu fulgor e o seu dispendio
en cada bater de ás en cada bater de tempo.

PAULA MEEHAN

Who amongst us is able to number the end of grasses
To number the losses of each seeding head?

                              I'll walk out once
Barefoot under the moon to know the field
Through the soles of my feet to hear
The myriad leaf lives green and singing
The million million cycles of being in wing

That – before the field become map memory
In some archive on some architect's screen
I might possess it or it possess me
Through its night dew, its moon white caul
Its slick and shine and its profligacy
In every wingbeat in every beat of time

PAULA MEEHAN ⌐

61

Benquerido Holdridge

Holdridge, escribo para dicirche que o teu sapo morreu.
Recordas a emoción ao bautizar o sapo co teu nome?
Lembras o orgullo que sentiches ao saír de Carrillo e atopar
o milleiro de lombos negros e laranxas que brillaban coma un río
baixo o sol de Costa Rica? Quen podería imaxinar
que chegaría un día así: fracasaron
os esforzos para atopar algún no seu último hábitat.
Holdridge, sinto ter que dicircho, o teu sapo morreu.

Holdridge, non te sintas especial, tamén desapareceron
o morcego branco de Bory, a rata de Buhler e o rato de Pemberton,
tamén o cervo de Schomburgk, aquel que percorría as
    pantanosas chairas
de Laos é agora unha pantasma que deambula.
Holdridge, ti es un home que comprende o pensamento
científico e racional – conmóveste? Podes chorar
pola tartaruga do Río Vermello, cuxa raza, que sobreviviu
douscentos millóns de anos, redúcese arestora a catro exemplares?

Holdridge, aflixiríate escoitar que o sapo dourado
e o arlequín xa están extintos?
A avestruz árabe e o león de Barbaria están perdidos,
o rinoceronte negro desapareceu de Camerún,
cazaron Bali e Tasmania os seus derradeiros tigres,
Zanzíbar o seu leopardo e mentres, en China, o río Yangtzé
flúe coma un cadaleito de auga contaminada,
onde as redes de pesca afogaron o último golfiño Baiji.

Holdridge, pregúntome se poderías aconsellarnos,
porque din que o número de persoas no planeta terra
aumentará a nove mil millóns nos próximos corenta anos,
están seguros de que o clima cambiou, de que o manto da terra
está a ser arrasado a un ritmo alarmante

Dear Holdridge

Holdridge, I'm writing to tell you your toad is dead.
Remember the delight of giving that frog your name,
the pride you felt coming out of Carillo to find
those thousands of black and orange backs glinting like a river
in the Costa Rican sun? Who could have known
that such a day would come: searches of its last
remaining habitat have failed to turn up one.
Holdridge, I'm sorry to tell you, your toad is gone.

Holdridge, don't feel singled out, Bory's white bat,
Buhler's rat and Pemberton's mouse are perished too,
and Schomburgk's deer, that roamed the swampy plains
of Laos is only now a flitting ghost. Holdridge,
you're a man who surely understands the rational,
scientific mind – is it moved? Can you weep
for the Red River turtle, whose race, having survived
two hundred million years, is now reduced to just four beasts?

Holdridge, would it grieve you to hear the Golden toad,
and the Harlequin, are also now extinct?
We've lost the Arabian ostrich and the Barbary lion,
Black rhino are vanished from Cameroon,
Bali and Tazmania have hunted down their final tigers,
Zanzibar its leopard, while in China the Yangtze river
flows a polluted, aquatic coffin, where fishing nets
have drowned the last Baiji dolphin.

Holdridge, I wonder could you offer us any small advice,
for they're saying the number of people on planet earth
is set to rise to nine billion in the next forty years,
they're sure the climate's changed, that topsoil's
being washed away at an alarming rate, and because

e porque cómpren mil litros de auga para dar dúas pintas de leite,
os nosos lagos e ríos están secando. Holdridge,
dime, cantas especies máis necesitarán morrer?

Perdoa o arrouto, Holdridge, como che dixen,
só escribía para dicirche que o teu sapo morreu,
un anfibio estraño sen finalidade concreta, mudo e xordo,
viviu gran parte da súa vida coa cabeza metida na area.
Do mesmo xeito, o golfiño Baiji foi sempre unha criatura
      imperfecta,
cos ollos pequenos e a visión reducida, descansaba
na lenta corrente á noite, e non nos deixou máis que gravacións
do son que emitía, un asubío de advertencia,
                    audible máis alá do sartego de auga.

GRACE WELLS

it takes a thousand litres of water to make two pints of milk,
our lakes and rivers are running dry. Holdridge,
tell me, how many more species will need to die?

Forgive the outburst, Holdridge, as I said,
I was only writing to tell you that your toad is dead,
a strangely purposeless amphibian, mute, deaf,
much of its life was lived with its head beneath the sand.
Likewise, that Baiji dolphin was ever an imperfect creature,
possessed of small eyes and reduced sight, it rested
in the slow current at night, and left us nothing but recordings
of the sound it made, a warning whistle,
                              audible beyond the watery grave.

GRACE WELLS ᔅ

'Subitamente regresa o meu siléncio'

Subitamente regresa o meu siléncio,
o do antes do antes,
o que existía en min cando deus non nacera
e o mundo era unha criatura vacilante
nas lindes do non ser.
Nen chios de gaivotas
nen buguinas sonámbulas a falar doutros mares:
a ira dos humanos desabou sobre nós,
trousou nesta riveira a sua cobiza.
Non teño medo à morte:
aprendin a posui-la e convertin-na en rito.
Afeito estou ao ronsar de osamentas contra os cons,
ao estertor dos peixes que dou en alimento,
ao sangue que me tinxe dos naufráxios.
Sei que resurxirei:
engolirá o meu ventre esta amargura,
levedará a ruína en nova vida
e voltarei no avalo da maré,
nos pasos dunha danza que reinício
desde a raiz do tempo.
Agora expio en min o erro dos homes,
pago coa miña dor a culpa deles
e preparo a vinganza: este siléncio,
esta desolación, a sua soidade.

PILAR PALLARÉS ⌇

'My silence returns out of the blue'

My silence returns out of the blue,
from before the before,
from what was in me before god was born
and the world was a creature
teetering on the edge of existence.
No mewling seagulls
no somnambulant shells with stories of distant seas:
mankind's hatred poured all over us,
onto the shores it heaved its greed.
I am not afraid of death:
I have learned to possess it and make of it a rite,
accustomed as I am to bones rubbing against the rocks,
the wheezing of the fish I give up in nourishment,
the blood from the shipwrecks that stains me.
I know I will be back:
I'll devour all that bitterness,
I'll turn ruin into new life
and return on the turning of the tide,
dancing the steps that begin again
from the very root of time.
I atone now for man's mistakes,
with my pain I pay for his ways
and ready my vengeance: this silence,
this desolation, his solitude.

PILAR PALLARÉS

e entón
é entón

e entón
cando ti saibas
e eu saiba
que todo empezou
moito antes de nacer
co primeiro cometa atolondrado
ou co primeiro choque de galaxias
ou coa primeira balea
de todas as primeiras baleas
dos centos dos primeiros algo
que existiron primeiro
que as baleas

entón
cando ti saibas
e eu saiba
e o mundo saiba entón
que a vida é o primeiro entón

a vida é o primeiro

ESTEVO CREUS ⌒

And then
it is then

and then
when you know
and I know
that it all began
long before we were born
with the first bewildered comet
or with the first crashing galaxies
or with the first whale
of all the first whales
of the hundreds of firsts
which existed first
before the whales

then
when you know
and I know
and the world knows then
that life comes first then

life comes first

ESTEVO CREUS

Estamos salvados

estamos salvados
xa non vén a fin do mundo
cantou o cuco

cantou o cuco na Leiravella
o cuco chega por Lemos sempre
era andar cavando en Mouca con aquela alegría
pouca xente quedaba
non quedaban nin para a sementeira
aquí onde polo ulido

cando os cortaban dicían
o corpo e a alma dos carballos

EMILIO ARAÚXO ⬠

We're Saved

we're saved
the end of the world isn't coming at all
the cuckoo sang

in Leiravella the cuckoo sang
the cuckoo always appears from Lemos
and there we were happily digging away in Mouca
there weren't many folk left
they weren't even here for the sowing
here where because of the scent

when cutting them down they said
body and soul of the oaks

EMILIO ARAÚXO

O home da roda

Mira a gran roda
do tractor:
é esa a gran roda da vida?
Ou temos os días contados?
Onde está a gran roda da nosa era?

O labrego móvese
a lombos do tractor,
sen présa nin nerviosismo,
de xeito lento, ríxido e regular.

Respóndenos a isto, Home da Roda,
cantos días lle concediches?
Porque nós non temos abondo.

No noso deambular,
veremos de súpeto
a razón da nosa velocidade
sen freos e sen ritmo?
Onde está o noso Protector?
Onde está a gran roda da nosa era?

CEAITÍ NÍ BHEILDIÚIN

An Fear Rotha

Féach, an roth mór,
atá ar an dtarracóir –
An é sin roth mór an tsaoil?
An bhfuil ár laetha i mbaol?
Nó cá bhfuil roth mór ár n-aoise?

In airde ar an dtarracóir,
gluaiseann an feirmeoir
gan deabhadh, gan dithness,
go mall righin rialta.

Cogar i leith chugainn, a Fhir an Rotha,
Cé méid laetha a thugaís dó?
Mar níl ár ndóthainn againne.

Ar ár gcamchuairt
an gcífimid de thuairt
fáth ár luais gan treoir,
gan choscán, gan rithim?
Cá bhfuil ár gCosantóir?
Cá bhfuil roth mór ár linne?

CEAITÍ NÍ BHEILDIÚIN ☙

THE MAN OF THE WHEEL
Look at the big wheel / on the tractor – / is that the great wheel of life? / Or are our days numbered, / or where is the great wheel of our age? // Up on the tractor, / the farmer moves / without hurry or fluster / slowly, stiffly, regularly. // Tell us this, O Man of the Wheel, / how many days did you allot him? / because we have not enough. // On our wandering, / will we spot of a sudden / the why of our going nowhere fast / without brakes, without rhythm? / Where is our Protector? / Where's the great wheel of our age?

Scríob *

Comezar de novo desde cero e raspar,
xa que raspar é agora unha parte de nós,
o rastro das ovellas, o rastro do arado
están marcados sobre a páxina,
o raspado da pluma abre un camiño no outeiro.

Pero hoxe traio de volta
tres ósos dun paxaro que foi devorado
antes de saír do cascarón,
cuspidos ou defecados coa propia casca rota
para erosionarse nos cantís setentrionais de Hoy.

Esta é unha marxe
na que a pluma corre sen xeito.
Os pequenos ósos esbrancuxados dun fulmar ou un mascato
non teñen nada que contar.
Non coñeceron nin a fame nin o voo
e non entenden a escuridade
que descendeu coa morte.

As pistas chegan á súa fin,
as ovellas pérdense na torga humedecida.
Hai cousas que non se poden escribir, contar ou ler;
delgados ósos que non se poden compoñer.
Fráxiles de máis para raspar,
os ósos gardan no seu baleiro
a xénese da primeira nota soprada.

MOYA CANNON

* En gaélico, *scríob* significa 'raspadura, marca' ou 'o rastro dunha ovella'. A súa
pronuncia é moi semellante a outra palabra gaélica, *scríobh,* que significa 'escribir'.

Scríob *

Start again from nothing and scrape
since scraping is now part of us,
the sheep's track, the plough's track
are marked into the page,
the pen's scrape cuts a path on the hill.

But today I brought back
three bones of a bird,
eaten before it was hatched
and spat or shat out with its own broken shell
to weather on the north cliffs of Hoy.

This is an edge
where the pen runs dumb.
The small bleached bones of a fulmar or gannet
have nothing to tell.
They have known neither hunger nor flight
and have no understanding of the darkness
which came down and killed.

Tracks run to an end,
sheep get lost in the wet heather.
There are things which can neither be written, nor spoken, nor read;
thin wing bones which cannot be mended.
Too fragile for scraping,
the bones hold in their emptiness
the genesis of the first blown note.

MOYA CANNON ⤳

* *Scríob:* Gaelic, meaning a scrape or a sheep's track. It is very close in
sound to the Gaelic word 'Scríobh' meaning 'Write.'

'Esas osamentas que a luz deita no terrazo'

Esas osamentas que a luz deita no terrazo
a memoria da carne que as abriga
os seus arqueados estupores
cóncavas estancias da nudez que as precedeu
Translúcidas na irada contemplación de quen observa
esas estruturas que andaron abismadas e agora esquecen
devolven á boca acedumes de esponxa
a se espremer calma nas papilas daquel tempo
ancoraxes o recordo
iso que foron corpos e agora ispen a súa condición
discurso
só palabras que zumegan sogas   presión de adival
e normativas a axustar as carnes   as redondas liberdades
con ditames do desexo e sexos comprimidos
no cánabo   e no esparto
Así as tatuaxes da cordura
leve rozar de lazo
carambo ardido aquela pel
Estas osamentas sostiveron o universo
e foi función a súa asfixia ou letargo
Deitadas no terrazo á luz da tarde despregan os seus ocos
a ausencia que convocan   son soño derramado
balaustradas brancas   para un se pousar de aves
plumas de ar
ósos e voo

ANA ROMANÍ ✍

'Those bones the light lays on the terrazzo'

Those bones the light lays on the terrazzo
the memory of flesh that shelters them
their curved astonishment
concave spaces of the bareness before them
Translucent in the angry contemplation of the observer
those contours that once swooped through the abyss and now forget
return the bitterness of a soft sponge to the mouth
squeezed calmly onto the taste buds of that time
anchoring memory
those bones that were once flesh now lay bare their condition
discourse
just words dripping ropes   the tug of the noose
norms that fasten the flesh   the round freedoms
with judgements on desire and restrained sexes
in the hemp   and esparto
And so the tattoos of sanity
the slight rub of the knot
ice burning the skin
Those bones held up the universe
or were the core of its suffocation and apathy
Laying in the evening light on the terrazzo they reveal their
    hollowness
the absence they summon   a spilled dream
white balustrades for perching birds
feathers of air
bones and flight

ANA ROMANÍ

Lamento por unha especie extinta

Benjamin, o derradeiro tigre de Tasmania,
morto no Zoo de Hobart, 1936

i

O mercurio foise para o fondo
coma nunca cando Benjamin,
o derradeiro tigre de Tasmania,
fechado xa á noite, morreu.

Foi un evento esquecido,
sen ósos nin coiros conservados.
O remorso son 3 minutos e 9 segundos
de metraxe de película muda.

Unha vez riscado nas rochas de Ubirr,
pasamos a súa imaxe ao papel.
Estas son reliquias: esqueletos
que un museo mercou aos cazadores de recompensas

cando a especie declinaba
e os parentes morrían
en gaiolas por toda Europa,
descoidados, sen descendencia.

ii

e como gardamos loito por unha especie?
Unha muller volveuse un pouco tola,

tentou conxurar de volta o tigre de Tasmania,
criar cachorros fantasma no peito.

Lament for an Extinct Species

Benjamin, last Thylacine,
died Hobart Zoo, 1936

i

The mercury sank
lower than ever when Benjamin,
last thylacine,
locked out at night, died.

It was a forgotten event,
no bones or pelt kept.
Regret is 3 minutes, 9 seconds,
of silent film footage.

Once carved into Ubirr rocks,
we scratch his image onto paper.
These are relics – skeletons
a museum bought from bounty hunters

back when the species declined
and relatives died
in cages all over Europe,
neglected, unbred.

ii

& how do we grieve for a species?
One woman went a bit mad,

tried to conjure the thylacine back,
nurture ghost whelps at the breast.

No sostén permanecen as manchas rosáceas
que os pétalos de rosa deixaron

e que ela meteu como corpos de cuncha
de cachorros de marsupial na bolsa.

iii

Chego a esta disciplina con rabia,
procurando unha voz que me cante
tan profundo coma as baleas. Veño co
peso de mil libros nas miñas costas,
pedíndolle que me libere no meu propio
corpo. Veño desesperada procurando
imaxes que tingan de rosa os ollos e
saian da miña boca. A esta disciplina,
suplicando sabedoría para pronunciar a
palabra *extinción,* veño.

iv

abríronse as bolsas e pezas de vidro e cunchas foron extraídas
dolor, dolas, tasa, murhe, brón, buairt,
non pode haber consolo,

coas que laceraron as súas coxas, as súas costas, os seus peitos
lamento é lamento, corda, jad, jale, tuga,
non pode haber conforto,

do xeito máis espantoso, mentres o sangue seguía a manar das feridas
ag, weh, malheur, gofid, loito, luctu,
non pode haber remedio,

On her bra rose-petal stains remain
from the pink rose petals

she tucked in like tiny shell bodies
of marsupial pups in the pouch.

iii

I come to this discipline in rage,
looking for a voice to sing me as
deep as the whales. I come with the
weight of a thousand books on my
back, asking it to release me into my
own body. I come in despair, looking
for images to rose-tint my eyes and
flow out of my mouth. To this
discipline, begging for wisdom to
utter the word *extinction*, I come.

iv

the bags were then opened, and pieces of glass and shells taken out
dolor, dolas, tasa, murhe, brón, buairt,
there can be no consolation,

with which they lacerated their thighs, backs and breasts
ochón is ochón, rope, jad, jale, tuga,
there can be no comfort,

in a most frightful manner, whilst the blood kept pouring out of the wounds
ag, weh, malheur, gofid, grief, luctu,
there can be no remedy,

en correntes ... seguindo coas súas lamentacións salvaxes e lacerantes
suru, mágoa, sorg, iefgray, orrowsay
non pode haber salvación,

non pode haber salvación,
non pode haber remedio,
non pode haber conforto,
non pode haber consolo.

abríronse de novo as bolsas e pezas de vidro e cunchas foron extraídas

JANE ROBINSON

in streams ... continuing their wild and piercing lamentations
suru, sorrow, sorg, iefgray, orrowsay,
there can be no salvage,

there can be no salvage,
there can be no remedy,
there can be no comfort,
there can be no consolation.

the bags are again opened, and pieces of glass and shells taken out

JANE ROBINSON ⤸

CANDO NON ERAMOS O CENTRO DO UNIVERSO

Pero agora, escoita o outro
estraño voo –
máis alá dos ósos e o temor, un lampexo de luz?

(de 'Memories of Flight at the Life Museum', Jane Robinson)

WHEN WE WERE NOT THE CENTRE OF THE UNIVERSE

But now, hear the strange
other flight –
beyond bones and fear, a hint of light?

(from 'Memories of Flight at the Life Museum', Jane Robinson)

'dentro da fraga dormen os bichos'

debaixo das pedras dormen os bichos
na póla do carballo dormen os bichos
sobre da grada do galiñeiro dormen os bichos
en xergóns de folla de mazaroca dormen os bichos
choran   piden leite

pronto se abrirá a veda
sairán os cazadores   con moitos cans

LUZ PICHEL

'in the woods the creatures sleep'

under the rocks the creatures sleep
on the oak tree's limb the creatures sleep
on the henhouse perch the creatures sleep
on beds of corn husks the creatures sleep
they cry   they cry for milk

soon the hunting season will open
the hunters will come   with all their dogs

LUZ PICHEL

A rata

Perseguida, temida e odiada.
Aldraxan os meus fillos
e poñen gatos e cans pequenos
para que me atormenten. Eu tamén nacín.
Tamén vivo e causo pouco estrago.
Aliméntome só de sobras.
Sei que me odian porque eu
son o trafego nocturno
nas súas cabezas durmidas.

Son unha filla do regato
e da lagoa. Nin sequera o monxe
me ofreceu unha boa acción.
Deixou que a lontra rescatase
o salterio sagrado para Rónán.
Eu podería facelo.

Botáronme entre os drogadictos
e ás bolsas de lixo, ás celas das prisións.
Estarei aquí cando o nivel do mar
cubra os seus corpos mortos.
Haberá corvos a recrearse
sobre o outeiro. Odiando. Odiando sempre.

Non quixen nada diso, nin as súas maldicións
nin as súas pelexas, nin os seus malditos deuses.

MARY O'MALLEY

The Rat

I am hunted, hated, feared.
They revile my children
Set cats and small dogs
To torture me. I too am born.
I too live and do little harm.
I only eat what is left.
They hate me because
I am the late-night traffic
In their sleeping heads.

I am a child of the river
And lake. Not even the monk
Gave me one good deed.
He let the otter rescue
The holy psalter for Ronan.
I could have done that.

They sent me out among the junkies
And rubbish sacks, into the gaol cells.
I will be here when the seas rise
And cover their carcasses.
There will be ravens feasting
On the next hill. Hating. Still hating.

I wanted none of it, their curses
Or their rows, or their bloody gods.

MARY O'MALLEY ⬠

'Da aguia'

da aguia
dunha das súas ás

o óso
para a frauta
do pastor

o pico enterrado na carne
devóraa

ningunha interxección para o asombro
boca celada polos cinco dedos

dunha das ás
un óso

para a música

CHUS PATO ☙

'From the eagle'

From the eagle
from one of its wings

the bone
for the flute
of the shepherd

the beak plunged into flesh
devours it

no word for astonishment
five fingers held over the mouth

from one wing
a bone

for music

CHUS PATO

Barbas de balea

Cando cumprín os trece anos deixei os vestidos de nena.
A nai engurrou o cello, aínda co vestido de loito e doas
    de acibeche.
Enviou criados á cidade para escoller a roupa,
vulgares enaguas de crin e crinolinas de algodón,

todas as construcións estridentes que enclaustraban
os nosos corpos – xustillos, aros,
enaguas e saias a capas – que ben agochados,
os nosos corazóns. Naceron en min novos olores como minchas.

Agora, cada mañá, unha moza ensambla o meu segundo esqueleto
peza a peza, suspéndeo sobre a miña persoa estreita,
aperta o corpiño de balea que contrae
a curva das miñas costelas.

Ela encólleme. Miro os seus ollos mentres tira das correas.
Quero que me toque a cara.
Os seus dedos son rápidos, hábiles
ao empurrar a barriga contra a columna, ao apertar os peitos.

Dígolle que, malia chamalas ósos de balea, as correas dos corpiños
están feitas de barbas, as barbas da boca dunha balea estendidas
para sacar peixes da vasta extensión de auga salgada.
Ela non responde. Dígolle que onte vin

unha balea varada en papel de periódico arrugado,
homes sinalando, cavilando sobre o mellor xeito de desfacerse dela.
Non lle falo do meu soño, ducias de damas
espidas, correndo pola ribeira descalzas

para acabar na monstruosa boca dunha balea e retorcerse
a través das barbas e cuspe do animal.

Baleen

When I turned thirteen, I left behind my girlish dress.
Mother frowned, still in her mourning gown and beads of jet.
She sent servants to the city to choose clothes for me,
petticoats of coarse horsehair and cotton crinolines,

all the creaky constructions that cage
our bodies – corsets, hoops, layered
skirts, petticoats – how well hidden,
our hearts. I grew new smells like periwinkles.

Now, each morning, a girl assembles my second skeleton
piece by piece, suspends it over my narrow person,
tightens the corset of whalebone that constricts
the curve of my ribs.

She shrinks me. I watch her as she tugs the stays.
I want her to touch my face.
Her fingers are fast, deft
as she pulls belly to backbone, tightens my breasts.

I tell her that though we call it whalebone, corset-stays
are made of baleen, a whale's mouth-bristles splayed
to dredge fish from vast saltwater sprawl.
She does not reply. I tell her that yesterday, I saw

a whale beached in crumpled newsprint,
men pointing, puzzling over how to dispose of it.
I don't tell her about my dream, dozens of ladies
unclothed, dashing over the shore in bare feet

to roll in the monstrous mouth of a whale and twist
themselves through baleen and whales-spit.

No soño, estabamos xuntas, ela e mais eu, con candeas
en cada man que proxectaban sombras na escuridade do océano.

O meu cuarto semellaba moito máis escuro cando espertei, soa.
Escuro como unha boca, o armario estaba aberto.
No interior, os corpiños relucían,
brancos e silenciosos coma dentes.

DOIREANN NÍ GHRÍOFA

In the dream, we stood together, she and I, with candles
in each hand that cast shadows into ocean blackness.

My room seemed so much darker when I woke, alone.
Dark as a mouth, the wardrobe hung open.
Inside, the corsets gleamed,
white and silent as teeth.

DOIREANN NÍ GHRÍOFA ↷

A vaca de Deus

Pequena vaca de Deus,
como en ruso,
божья-Коровк;

en holandés,
lieveheersbeestje,
'Animaliño do noso Deus'.

Segundo a tradición xudía
ela pertence a Moisés
e non a Deus.

Vaquiña de María en Alemaña,
sete lunares para as súas sete ledicias,
as súas sete dores.

Ela trae sorte
ao pobo tanto en Turquía
coma en Italia.

Todos procuramos cumpridos
os nosos desexos
pola vaca de Deus.

Como consegue
unha criatura tan pequena
termar do peso dos nosos devezos

e malia todo
ser capaz
de voar?

AILBHE NÍ GHEARBHUIGH

Bóín Dé

Bóín Dé,
mar atá sa Rúisis,
божья-Коровк;

lieveheersbeestje
san Ollainnis,
'ainmhín ár an nDé'.

Is le Maois,
agus ní le Dia í,
de réir na nGiúdach;

bóín Mhuire sa Ghearmáin
seacht spota dá seacht lúcháir,
dá seacht mbrón.

Tarraingíonn sí an t-ádh
ar dhaoine sa Tuirc
is san Iodáil.

Lorgaímind go léir
mianta ár gcroí is ár mbéal
ón mBóín Dé;

Conas a iompraíonn
neach chomh bídeach
ualach ár dtola

agus é fós
ar a chumas
eitilt?

AILBHE NÍ GHEARBHUIGH ᐧ

Ladybird

Bóin Dé

A vaca de Deus

LADYBIRD

God's Little Cow, / As is in the Russian: / *божья-Коровк;*
// in Dutch, / *lieveheersbeestje* / 'little animal of our God.' //
She belongs to Moses / and not to God / according to Jewish
tradition; // little cow of Mary in Germany – / seven spots for
her seven joys, / her seven sorrows. // She brings luck / to people
in Turkey / and in Italy. // We all seek to have/ our wishes fulfilled
/ by the little cow of God. // How / does such a creature so tiny /
heft the weight of our wishes // And still / be able / to fly?

Lobo

De nena
cando me preguntaban a que lle tiña medo
eu sempre respondía:
a parir e ó lobo.

O lobo vino unha vez
á noite
volviamos prá casa atravesando o monte
e meu pai sinalouno co dedo   ía só   como perdido
olvidado o instinto nalgures
retrocedida a fame a outra época

nin sequera nos mirou
absorto no seu sangue   na súa cavilación
quizais
a noite evidenciáballe no pinar
a gangrena da súa especie.

Lembro ben as súas patas tronzando a xeada
o silencio tenso co que a evolución asistiu a tal escena
a tosca indiferenza da curuxa   do granito ou da masa   de pan
que seguiu levedando as súas moléculas de fariña
afeitos ata tal punto á extinción que non repararon un intre …

Desde aquela o meu medo é un gurú que ouvea na noite
a ti e a ti e a ti
anque me oídes agora anque me vedes falar
poñendo a lingua no punto exacto que manda a madre fonética
non son eu
esta voz
que groñe
aseguro que non son
eu

Wolf

As a girl
when they asked me what I was afraid of
I always answered:
giving birth and the wolf.

I once saw the wolf
it was night
we were heading home across the mountain
and my father pointed him out   alone   as if lost
his instinct forgotten somewhere
his hunger abandoned to the past

he didn't even look at us
consumed in his own blood   his burden
perhaps
the night pines witnessed
the destruction of his species.

I clearly remember his paws flitching the ice
the tense silence of evolution looking on that night
the raw indifference of owl   of granite of the dough   rising
the fermenting molecules of flour
so used to extinction they never even knew ...

Since then my fear is a guiding howl at night
for you and you and you
and though you can hear me now though you can see me speak
my tongue placed perfectly by mother utterance
it's not me
this voice
that growls
I tell you it's not
me

este ruído cóncavo que fan as vogais co sangue
esta trementina negra en que se me tornou o cuspe ó tragar
maldita sexa eu mesma
e a raza que me ensinou a noite coma se fora unha abreviatura
    de deus

Agora xa sei
seguro
que as tripas do último lobo me rondan a linguaxe
e se un día o monte me atravesa para volver á súa casa
indicarei co dedo   aquí dentro
onde a voz se me toma coma un reo

¿Que direi agora
se me preguntan
a que lle teño medo?

OLGA NOVO ⌒

this curling clamour of blood and vowels
the black pitch of spit I swallow
cursed am I
and the tribe who showed me night as something that stood
    for God.

And now I know
for certain
that the bowels of the last wolf encircle my tongue
and if one day the mountain crosses me on its way home
I'll point   here inside
where my voice is kept prisoner

And what will I say now
when they ask me
what am I afraid of?

OLGA NOVO

Terra salvaxe

Nada importa a elegancia do corte das nosas roupas,
seguimos sendo criaturas salvaxes e cómpre non esquecelo.
— *Charles Forster*

Non é un soño da infancia, é máis un destino:
a miña outra vida como teixugo, lontra, raposo,
tras poñerme a catro patas, un demo da foresta, encalecida
coma Calibán, arrastreime dende o meu tobo, chea de terra, griñindo,
fungando, rebuscando comida polo solo do bosque, mol
como unha esponxa manida e balorenta; amaba o seu frío e
    maleable recendo.
Acubillada baixo follas anchas, o meu rostro soterrado por raigañas,
abandonei a tiranía da vista, no profundo da escuridade
da madeira podrecida e col mofeta, aprendín axiña
que na matogueira son inútiles os ollos.
Houbo un tempo en que me pararía a admirar
as minúsculas estrelas verdes do esfagno, as frautas
de vidro soprado dalgúns paxaros ou a carcasa marrón
da ala pulida do escaravello, pero non agora, non dende que aprendín
unha nova lingua de olores: o sutil e sedoso aroma
da amanita virosa, o cheiro a prea
das phallacea, as múltiples fragrancias do humus,
o fabuloso aroma da primavera, o seu po meloso
que bordeaba os pequenos regos. Os meus oídos, avivados
pola noite e o medo, sintonizaron
coas voces de advertencia dos paxaros, coñecín o augurio
de cada rechío ao renxer, o ganido
das ponliñas baixo os pés, a pasada
dun lobo e o trote tanxido e fino dos cervos, o máis mínimo cambio
de ton do zunido dos insectos
e, sobre todo, o eco dos silencios, atravesados polos raios do sol
entre os altos troncos, impoñentes
como un órgano de catedral que ninguén toca.

Wilderness

No matter how elegant the cut of our clothes may be,
we remain creatures of the wild and should never forget that.
— *Charles Forster*

Not a childhood dream, more a destiny –
my other life as badger, otter, fox,
after I went down on all fours, a woodland demon, calloused
as Caliban, I crept from my den, earth-matted, snarling,
snuffling, to forage across the forest floor, springy
as a sponge with decay and moss; I loved its cold pliant effluvium.
Under cover of broad-leafs, my face buried in roots,
I abandon the tyranny of sight, deep in the obscurity
of rotting wood and skunk cabbage, I learned fast
that eyes were useless in the undergrowth.
There was a time I'd have stopped to admire
the minuscule green stars of sphagnum, the blown-glass
flutes of the white cap or the dark brown stag beetle's
polished wing case, but not now, not since I'd learned
a new language of odours: the sly silken aroma
of the deadly angel mushroom, the stinkhorn's
carrion reek, the multiple fragrances of humus,
tree bark, animal droppings, my own excretions,
the fabled scent of spring, its honeyed dust
that lined the small streams. My ears, sharpened
by night and fear, became attuned
to the birds' warning calls, I knew the portent
of each crackle and rustle, the snap
of twigs underfoot, wolf tread
and the slim percussive trot of deer, the slightest change
in the tinnitus pitch of the insects,
and above all the echoing sun-streaked silences
among the tall trunks, imposing
as an unplayed cathedral organ.

A suavidade da natureza apertábame
con todos os seus recendos, sons e sabores, eu xacía
sobre a súa alfombra de oración, sobre anemones azuis entretecidas
con ortiga, cardos e arbustos; nada
da miña dieta me repelía, nin a textura esbrancuxada das larvas,
nin a esvaradía escuma de sal das lesmas, a miña lingua
aprendeu unha nova variedade vernácula de sabor e gusto,
sangue de roedor, o doce crocante dos liques e fungos,
cambiei a linguaxe por outra forma
de pronuncia e, axiña,
as imaxes evocadas polas palabras esvaeceron,
ningún concepto se interpuxo entre min e o carballo, o cancereixo
ou a sombra da noite mortífera,
nin sequera a delicadeza da rede de po de estrelas,
os guechos de arame de lique de lobo, o detalle
e a precisión estrutural da faia,
o recendo afumado do zume da árbore onde o lóstrego
caera, inhaleino profundamente axexando a miña presa
sen pensalo, sen compaixón.

Agora que estou de volta entre camas, computadores
e cuncas de café, tento adaptarme a cadeiras
de respaldo recto e sofás brandiños, aprender de novo os usos
da roupa, portas, escaleiras, coitelos e armas,
pero a cada vez que me inclino para bicar a cara dun home,
percibo o olor que emana baixo a loción,
o olor da epiderme, do cute, do circuíto fechado
do sangue en movemento, do núcleo da vida mesma,
o perfume da descomposición imparable, a súa rancia
escuma cocida, o seu espectro iridescente.
Os meus salvaxes instrutores ensináronme ben,
os meus bos compañeiros da natureza,
oh vida, inseparable da morte,
fermosa intoxicación, teimuda, estraña.

EVA BOURKE

The kindness of the wild embraced me
with all its smells, sounds and tastes, I lay
on its prayer rug, on blue anemones interwoven
with nettle, bull thistle and devil's club; nothing
in my diet repelled me, not the grey-white texture of grubs,
or the slippery salt-foam of slugs, my tongue
was taught a new vernacular of tang and relish,
rodent blood, the sweet crunch of lichens and fungi,
I traded language in for another form
of utterance, and quickly
the images conjured up by words faded, no concept
came between me and oak, whitebeam
hazel bush or the deadly nightshade,
not even the delicacy of the stardust web,
the wire-brush tufts of grey wolf lichen, the detail
and structural accuracy of the beechnut,
the smoky odour of tree sap where lightning
had struck, I inhaled it deeply stalking my prey
thoughtless, without compassion.

Now that I am back among beds, laptops
and coffee cups, I try to adjust to straight-backed
chairs and plush sofas, to relearn the use
of clothing, of doors, stairs, knives and guns,
but whenever I bend over to kiss a man's face
I catch the smell issuing from beneath aftershave,
epidermis, subcutis, from the closed loop
of the moving blood, from the core of life itself,
the perfume of unstoppable decay, its rank
simmering froth, its spectral iridescence.
I had been tutored well by my feral instructors,
my fellow creatures of the wilderness,
oh life, inseparable from death,
beautiful intoxication, dogged, bizarre.

EVA BOURKE ⌒

Deitado

Ábrese como unha boca
o ventre de framboesa
do coello morto.

As abellas e as moscas douradas
fan que a carne polposa
zumbe e se deforme.

Oh, amor, cantan
coas súas voces de lima de uñas,
estamos a converternos o un no outro.

 A súa cabeza intacta, serena,
coma se estivese a soñar
co amor cativador dos forasteiros

que habitan o toldo vermello
das súas costelas, a radiante
casa aberta do seu corazón.

EAMON GRENNAN

Lying Low

The dead rabbit's
raspberry belly
gapes like a mouth.

Bees and gilded flies
make the pulpy flesh
hum and squirm:

O love, they sing
in their nail-file voices,
we are becoming one another.

His head intact, tranquil,
as if he's dreaming
the mesmerised love of strangers

who inhabit the red tent
of his ribs, the radiant
open house of his heart.

EAMON GRENNAN ⁌

Retorno

Por que hai tanto tempo que non veñen os cabalos
e me deixan con este sufrimento
— Kaspar Hauser, o fillo salvaxe de Europa

Como a viola de amor, as cordas do noso corazón están
baixo as cordas do corazón do cabalo,
de xeito que harmonizamos a través da resonancia,

e hai unha verdade que vive alén do tempo
nun vívido soño; a pequena besta alazá de Raskolnikov,
o mozo que bicou os seus ollos e labios moribundos,

a memoria quizais, de cando non eramos o centro
do universo, o locus da súa conciencia,
nin amo, nin dono: aínda podiamos pousar a machada.

Vaslav Nijinsky baila a guerra en Saint Moritz
perante os aristócratas; baila *cousas aterradoras.*
Ao rematar, declara: *o pequeno cabalo xa está canso.*

Nietzsche, saloucando na Piazza de Turín, chora
polo cabalo apancado, o eu apancado: *cántame unha nova canción.*
Se puidese lembrar onde están soterrados os ósos,

desenterraríaos, as ás das escápulas, as caveiras de aire,
as roupas douradas das monturas; reconstruiría os cabalos,
o cabalo negro, o cabalo branco, o cabalo de lume.

MOYRA DONALDSON

Return

Why are the horses so long without coming,
And let me suffer so much
— Kaspar Hauser, the wild child of Europe

Like the viola d'amore, our heart strings lie
below the heart strings of the horse
so that we harmonise through resonance,

and there is truth that lives outside of time
in vivid dream; Raskolnikov's little sorrel beast,
the boy who kissed her dying eyes and lips,

memory perhaps, of when we were not the centre
of the universe, the locus of its consciousness,
not master, owner: we could yet set down the axe.

Vaslav Nijinsky dances the war in Saint Moritz
in front of the aristocrats; he dances *frightening things.*
Finished, he declares: *The little horse is tired.*

Nietzsche, weeping in the Piazza in Turin, weeps
for the beaten horse, the beaten self: *Sing me a new song.*
If I could remember where the bones were buried,

I would dig them up, the wings of scapulas, the skulls of air,
the golden saddle cloths; reconstruct the horses,
the black horse and the white horse and the horse of fire.

MOYRA DONALDSON

Corvos, corvos

Sobre a tarde fría,
en calquera dirección,
atravesan a terra ocupada.
Non seremos libres
mentres haxa quen padeza,
din os debuxos da súa traxectoria.

Golpes contra o aire, o brillo negro
de todas as nosas derrotas.

Pero que insinúan, a quen
se supón que agoiran mal,

como deciden onde pousar, por que
coñecen a cidade por dentro e nada saben
de seu proceso histórico!

As preguntas deveñen vexetación miúda.
Eles marcan unha nova rota
deica as torres que gardan o territorio.

DANIEL SALGADO ◠

Crows, crows

In the cold afternoon,
from every direction,
they cross the occupied land.
We will never be free
while anyone suffers,
say the outlines of their flight.

Beating against the air, the black brilliance
of all our defeats.

But what do they mean, for whom
do they not bode well,

how do they determine where to alight,
why do they know the city inside out,
but nothing of its historical process.

The questions yield little.
The crows set a new course
as far as the towers that guard the territory.

DANIEL SALGADO

por / que

porque nada é como calquera outra
    cousa, unha aproximación sempre cederá
        cando máis o necesites

porque nada é tan suave coma o fociño dun cabalo
    na curva, por riba dos quedos puntos de cabelo,
        finos e aguzados dentes a protexer a tenrura

porque eu acababa de asistir, aquela mañá,
    á miña graduación universitaria – fermosísima
        naquel vestido – cando o orador apremou:

agardo que sexan vulnerables
    o un co outro, que estean abertos
        a dar e recibir vulnerabilidade

porque me tocou sen preguntar
    dicindo: *ti non es coma nada*
        que vise antes

como estou agora tocando este cabalo
    sentindo o seu coma-nada-que-vise-antes, nós
        dúas melenas de seda, dúas bocas magoadas

son tan coidadoso contigo entre as miñas mans
    pero cóntame / golpéame a cara / afástate
        non queres que eu

sopre amodo no interior do aberto túnel
    negro de ancha venta, húmido
        lombo de animal a respirar

Be / cause

because nothing is like anything
        else, an approximation will always break
                down when you need it most

because nothing is as soft as a horse's muzzle
        at the curve, above quiet punctuations of hair,
                thin pointed teeth guarding tenderness

because I had just been, that morning,
        at my college graduation – looking gorgeous
                in that dress – where the speaker urged:

I hope you will be vulnerable
        with each other, that you will be open
                to giving and receiving vulnerability

because he touched me without asking
        saying: *you are like nothing*
                I have ever seen before

like how I am touching this horse
        feeling its likenothingelse before, us
                two silken manes, two hurt mouths

I am so gentle with you between my hands
        but tell me / strike my face / pull away
                do you not want me to

blow slow into the open black
        tunnel of flared nostril, wet
                dark animal breathing back

é así como bican – un traballador
da corte falou na miña dirección –
e crin o que dicía

crino
non / porque fose verdade
senón / porque quixen

NIDHI ZAK / ARIA EIPE

that's how they kiss – a passing
　　　　stablehand spoke in my direction –
　　　　　　　and I believed him

　　　　　　　　　　　　I believed him
　　　　　　　　　　not / because it was true
　　　　　　　　　　but / because I wanted to

NIDHI ZAK / ARIA EIPE ⮑

Munguir

Quieta Moreniña quieta,
quietiña bonita quietiña,
quietiña, quietiña,
cómente as moscas animal,
quietiña bonita quietiña,
quietiña muller quietiña,
quietiña Moreniña quietiña,
quietiña Morena quietiña,
quieta, pon a patiña,
quietiña que te comen as moscas animal,
quietiña, quietiña,
pon a patiña, quieta,
as moscas tráscante toda,
ala quietiña, quieta,
quietiña quietaaa,
non te deixan as moscas animal,
quietiña bonita quietiña,
quietiña, quietiña,
cando che convén moito moito,
e cando non ...,
quietiña, quietiña Morena,
quietiña co rabo tola,
quietiña quieta,
que me dás co rabo tola,
é unha bruta,
xa sei que te comen as moscas animal,
quieta, quietiña, quieta,
quietiña, quietiña.

EMILIO ARAÚXO ⌒

118

Milking

Easy Missy easy,
easy now girl, easy,
easy now easy
the flies are at you Miss,
easy my pretty easy,
easy girl, easy,
easy Missy, easy,
easy now Miss
easy now, drop the leg now,
they're all over you the flies,
easy, easy,
move your leg now, easy,
the flies are eating you all over,
come on now, easy Missy,
easy, eaaasy,
don't let them ate you like that,
easy now my pretty, easy,
easy now, easy,
ah, when it suits you you'll give it Miss,
but when it doesn't …
easy, easy now,
go easy with the tail now,
stop, hey!
you're after hitting me with your tail,
you're a right brute you are,
I know the flies are at you,
easy now, easy, easy,
easy now, easy.

EMILIO ARAÚXO

'Soña un fémur co seu can'

Soña
un fémur co seu can,
esa coiraza de músculo, cartílago
e ollos de mica ao sol.
Fixo humus na horta
con gatos que se deron á morte en atropelo
ou cancro, un ourizo doméstico
e o galo ao que trabou a denosiña
antes da segunda destrución do val.
Renxen os maxilares
e un parietal entrégase á saudade
do ceu sobre A Rañoa e A Agrallán.
Pénsase cauda de réptil a caveira,
unha pálpebra ausente treme na fase REM.

PILAR PALLARÉS ⌐

'Dreams a femur of its dog'

Dreams
a femur of its dog,
that cloak of muscle and cartilage
and mica eyes turned to the sun.
Composted in the vegetable garden
with cats who'd dashed to their death under cars
or cancer, a pet hedgehog
and the rooster bitten by a weasel
before the valley was laid waste a second time.
He grinds his jaws
and a parietal bone gives in to nostalgia
for the sky over A Rañoa and A Agrallán.
His skull thinks itself a reptilian tail,
an absent eyelid flickers in REM sleep.

PILAR PALLARÉS

Ostras

Non hai certezas,
ou case ningunha,
como moito preguntas:
ninguén coñece a sorte de ledicia que encerra a pedra
no seu corazón de pedra,
ou se a laverca está posuída de dor
cando bota a voar contra o ceo.
Que sabemos, por exemplo,
das cavilacións da ostra
que xace no leito do esteiro,
non a rara e atormentada fabricante de perlas,
senón a ostra ordinaria?
Consome os anos soñando?

Ou quizais é rigorosa
esta existencia onde auga salgada e doce se mesturan?
O filtrado interminable
para soster unha vida pálida e sedosa,
o traballo para construír unha cuncha gris
incorporando todo o que mareas e riadas empurran no seu camiño,
pedras, lama, as carcasas rotas doutros peixes.

Se cadra a ostra non soña, nin pensa, nin sente,
daquela, como podemos entender
a reacción dese enorme músculo a carón do corazón
que pecha a áspera cuncha
perante unha estrela de mar ou un coitelo,
pero que a abre
para deixar entrar a marea?

MOYA CANNON

Oysters

There is no knowing,
or hardly any,
more wondering –
for no one knows what joy the stone holds
in its stone heart,
or whether the lark is full of sorrow
as it springs against the sky.
What do we know, for instance,
of the ruminations of the oyster
which lies on the estuary bed –
not the rare, tormented pearl-maker,
just the ordinary oyster?
Does it dream away its years?

Or is it hard,
this existence where salt and river water mix?
This endless filtering
to sustain a pale silky life,
the labouring to build a grey shell,
incorporating all that floods and tides push in its way,
stones, mud, the broken shells of other fish.

Perhaps the oyster does not dream or think or feel at all
but then how can we understand
the pull of that huge muscle beside the heart
which clamps the rough shell shut
before a hunting starfish or a blade
but which opens it
to let in the tide?

MOYA CANNON ᕰ

NON HAI TERRA MÍTICA

Pero aínda podes plantar no terreiro
que che foi concedido polo estado das cousas,
aínda podes enterrar nel as túas mans.

(de 'Know your Place', Eamon Grennan)

NO MYTHICAL LAND

You can still dibble in the patch
you've been granted by the way things are,
still bury your hands in it.

(from 'Know your Place', Eamon Grennan)

'aquí'

aquí

non hai terra mítica
a extinción daquel tempo
non devirá en lenda

a que
esta adicción á memoria?
despregar as engurras
do liño que non se fiou

ningún cataclismo

salvar a aldea
non hai intriga
nin misterio
só o uso do plural
conmove
porque estamos no noso sitio
ata que a auga nos cegue

DORES TEMBRÁS ⤚

'here'

here

is no mythical land
the disappearance of those times
won't become legend

why
this addiction to memory?
ironing out the wrinkles
of unspun linen

no cataclysm

to save the *aldea*
no intrigue
no mystery
only the use of the plural
moves
because we are in our homeplace
until the rising water blind us

DORES TEMBRÁS

As silvas teñen máis dentes

arado

unha palabra morta coma unha
avéspora que segue voando

xuncos

así que se poñen vellos
non os roen as vacas
agora non se gadañan os lameiros
pácense
e silvas
e xestas
as silvas teñen máis dentes
e apareceu o corvo   cheo de ningures

estás bebendo aínda
a cor daquela mañá
aínda non rompiches a ola
coma se chegase para partir o pan
o anaco dos vivos e o anaco dos mortos

EMILIO ARAÚXO ✍

The Brambles have more Teeth

plough

a dead word
like a wasp still flying

rushes

as they age
the cows won't eat them
the floodplains are no longer scythed
they are grazed
and brambles
and broom
the brambles have more teeth
and a crow appeared   full of nowhere

you still drink
the colour of that morning
you have still not broken the stewpot
as if it was ever enough to break bread
a piece for the living
a piece for the dead

EMILIO ARAÚXO

O ceo amarelo

Como unha cadea de doas de plástico ámbar
dunha tenda de todo a un euro, ou
luces de neon no balbordo da cidade
a península ilumínase na noite.

Quen ensinará agora
aos nenos de Heilvic
que foi a Estrela do Norte
quen levaba os seus vellos
á seguridade do porto?
Quen dirá ao caer da noite: 'Mira! …
as tres estrelas coma un pescozo
e catro estrelas máis
formando o Setestrelo?'
Ao fío da metade da noite,
quen procurará as Pléiades?

Quen levantará un dedo
amosando o vieiro brillante por onde
a vaca branca pasou,
'mira allí, a Estrela Can,
e outra alma que marchou ao ceo
– persígnate –'
cando morre a estrela fugaz.

Non existirá a noite negra,
nin a noite estrelecida,
que presaxio da xeada,
nin bandas de bébedos a escapulirse
nas súas casas sen seren detectados,
endexamais.

An Spéir Bhuí

Mar a bheadh téad de choirníní
ómra plaisteacha ón *Pound-Shop* nó
soilse neóin i gclampar cathrach
lastar leithinis istoíche.

Cé mhúinfidh feasta
do pháistí Heilvic
gurbh í an Réalt Thuaidh
a stiúradh a sinsear
slán chun cuain;
cé dhéarfaidh le titim oíche: 'féach!
... trí réalt an feac
is dhá chúpla
coltar is soc an Chéachta'
is ar uair an mheánoíche
cé chífidh an Tréilín?

Cé shínfidh méar in airde
ag rianadh cosán geal mar ar dh'imigh
an bhó bhán ar fán,
'féach uait Réalt an Mhadra
is sin anam eile 'mithe chun na flaithis –
gearr fiar na croise ort féin,'
nuair a éagann an réalt reatha.

Ní fheicfear feasta oíche dhubh
ná oíche ghealréiltíneach
ag tuar an tseaca
ná ní éaloídh lucht ragairne
abhaile go deo arís
i nganfhios.

A Muller Escaravello marchou
ao chegar a compañía eléctrica,
ela ficou ineficiente
cando encubriron o regato
por baixo do chan,
os seus compañeiros marcharon tempo atrás:
as pantasmas do Vagabundo do Cantil,
do Can Negro e do Vagabundo do Peirao. *

Feitos doutro tempo
a podrecer nunha esterqueira,
nun lugar que nin sequera distingue
o día da noite.

ÁINE UÍ FHOGHLÚ

---

* Todos estes son nomes de pantasmas locais da tradición en Rinn Ó
gCuanach. 'Escaravello' refírese aquí ao pau longo que se emprega para lavar
a roupa, o cal ten sentido no contexto da referencia a un regato no poema.

D'imigh Bean na Slise léi
nuair a tháinig an tESB
is bhí sí dealbh díomhaoin
nuair a dúnadh
an sruth isteach fé thalamh
tá a comrádaithe le fada
ar imirí –
Tramp na Faille,
an Madra Dubh is
Tramp Chúl a' Ché –

fíricí an lae inné
ag dreochant ar charn aoiligh
san áit ná haithnítear
lá ná oíche.

ÁINE UÍ FHOGHLÚ ⤙

THE YELLOW SKY

Like a string of amber plastic beads / from the Pound Shop, or / neon lights in
the city's bustle / the peninsula is lighted up at night. // Who will now teach
/ the children of Heilvic / that it was the North Star / steered their elders /
safe into harbour; / who will say at nightfall: 'Look! /… the three stars are a
handle / and the two pairs / the colter and share of The Plough', / and at the
stroke of midnight / who will spy the Pleiades? // Who will stretch up a finger
/ showing the bright path where / the white cow wandered, / 'Look over there,
the Dog Star, / and another soul gone to the heavens / – cross yourself,' / when
the shooting star dies. // No more shall be seen black night / nor starry night /
foretelling frost / nor shall drunken bands slip / home undetected / anymore.
// The Beetle Woman* cleared off / when the ESB arrived / and she was left
idle / when they covered in the stream / beneath the ground, / her comrades
are long gone – / The Tramp of the Cliff*, / the Black Dog* and / The Tramp
of the Quay*. // Yesterday's facts / rotting on a dung heap / in a place where
we do not know / day from night. // *These are all local ghosts from tradition
in Rinn Ó gCuanach. 'Beetle' here refers to the long stick used in washing
clothes, which makes sense in the context of the poem's reference to a stream.

Área de Interese Científico

Na miña primeira visita tras o solsticio,
demorada por unha boa tormenta,
a muller da casa de pedra falou:
'Voume erguer e beber o amencer,
incluso esta luz grisalla do día
que non é asollada nin fermosa
senón atoada coma un trapo case esfolado
nun acivro, unha bolsa plástica na porta
do final esgotado do remate do século'.

'Erguereime e comerei nas nubes negras
que se pegan ao meu bandullo
porque son misericordiosas e agochan
os sanguinolentos colares de Kosovo,
os avións de guerra sobre Bagdad,
as caras frías dos funcionarios de subsidios en Dublín,
elas contendo o que vén coa marea
sen saber que é o naufraxio e o refugallo
o que mantén á poboación costeira. Pero dígoche',
afirmou, 'teñen vidas miserentas,
miserentas como non viches endexamais:

catro patacos.'
Levantouse e tomou uns grolos
de mal tempo e vestiuse con nubes luídas,
magníficas ao seu xeito. Despois almorzamos.
Serviu o té en cuncas elegantes.
'Sempre me gustou a porcelana',
o lume roxou na rella
e comemos o amencer desagradable e non nos fixo mal.
'Faríamos boas raíñas', afirmou,
'ou luciríamos máis do que hai alí'.
Miramos máis aló das ondas. 'O largo mar'.
Fixo un arco elegante co brazo, arrastrando cúmulos.

Area of Scientific Interest

On my first visit after the solstice,
delayed by a good storm,
the woman in the stone house spoke:
'I will rise and drink the morning
even this grey daylight
that is neither sunny nor beautiful
but stuck like a half-torn rag
on a holly bush, a plastic bag in a doorway
at the fag end of the century,' she greeted me.

'I will rise and eat the black clouds
that stick in my craw
because they are merciful and hide
the bloody necklaces of Kosovo,
the planes over Baghdad,
the cold faces of the subsidy-checkers in Dublin,
stemming what comes in on the tide
not knowing that flotsam and jetsam
is what keeps coastal people going. But I tell you,'
she said, 'they have lives of pure misery.
Such misery as you never saw –

halfpence and pence.'
She got up and took in gulps
of bad weather and dressed herself in tattered clouds
magnificent in her own way. Then we breakfasted.
She poured tea into elegant cups.
'I always liked fine china,'
and the fire reddened in the grate
and we ate the bad morning and it did us no harm.
'We'd make great queens,' she remarked,
'Or a damned sight better than what's there.'
We looked out over the waves. 'A big sea.'
She made an elegant arc of her arm, trailing cumuli.

'Esta é unha Área de Interese Científico
segundo Bruxelas'.
'Tiveches ocasión de tratar cun burócrata?'
Preguntoume como se eu recibise sen decatarme
a algún na miña casa,
cos seus pezuños agochados en zapatos de charón,
expeditos na arte da sorpresa.
'A meirande parte deles levan unha vasoira polo cu,
non lles importaría moito verme aferrada a un barril
dez millas máis aló de Slyne Head, que ardan no inferno'.
Bebemos o noso té Barry's.
A caridade pode estar ben para aqueles
que están deitados baixo edredóns nas mañás xeadas,
pero non para mulleres que viven en casas de pedra
a rentes do mar.

MARY O'MALLEY

'That is an Area of Scientific Interest
according to Brussels.'
'Did you ever meet a bureaucrat?'
She asked as if I might have unwittingly entertained
one in my home,
his pointy hooves in hidden patent leather shoes,
they being practiced in the art of surprise.
'Talking golf-sticks, most of them.
They wouldn't care if I was ten miles out past Slyne Head
clinging to a barrel so damn their souls to hell.'
We drank our Barry's tea.
Charity may be all very well for those
that lie on under the covers on cold mornings
but not for women in stone houses
at the edge of the sea.

MARY O'MALLEY ✑

Sachando na horta

Esa muller leva toda a vida plantando as mesmas coles,
cravando na terra os mesmos chuzos,
deitándose cos homes ao pé do regueiro, parindo soa
ao pé dun regueiro.
Ás noites ouvea polos camiños e ninguén a escoita.
Agora ten unha filla que aprendeu a ler.

LUZ PICHEL ⤳

Digging In

That woman has been planting the same cabbages all her life,
the same spades turning over the sod,
lying down with men on the banks of the stream,
giving birth alone on the banks of a stream.
At night she'd howl down the lanes and no one would listen.
Now she has a daughter who has learned to read.

LUZ PICHEL

Baixo o rebento dunha faia

Comecei sachando nas patacas,
á forza nun principio. Cos petos embuchados
de soños sen impurezas.
A cada ano … outro anel.

Ao madurar, púxenme a traballar no campo
primeiro cun asno, despois subido ao tractor.
Escollía as patacas antes de botalas
e despois cubría o burato con terra e palla.
De cando en vez tiña que limpar
e desbotar as podres.

A Política Agrícola Común,
ALDI e a artrite fixeron redundante
o balde gris co que traía as patacas
á nai, e que agora recolle a chuvia
do cano roto.

E a faia está morta.
Derrubada. Os seus caídos dedos podres
perturban a tumba deste costume en desuso.
Hai tempo que os meus petos son impuros.
No meu dedo non hai anel.

MICEÁL KEARNEY

Under a Sapling Beech

I began working the potato pit,
forcibly at first. Pockets bursting
with unblighted dreams.
Every year ... another ring.

As I too matured, went to work in the fields
first with ass, then Massey.
Picked and filled the pit,
covered with earth and straw.
Regularly had to pake
and pick the rotting ones out.

Common Agricultural Policies,
ALDI and arthritis have made redundant
the grey bucket that brought the spuds
into mother – now collecting rain
from the broken gutter.

And the beech tree is dead.
Felled. Its rotted falling fingers
disturb the grave of the departed pit.
My pockets have long since blighted.
No ring on my finger.

MICEÁL KEARNEY ⌐

'No río'

No río
eu bebía
cos beizos das vacas.
Auga do río
penetrando
e penetrada
polo meu corpo.

LUPE GÓMEZ ⤳

'At the river'

At the river
I drank
with cow's lips.
River water
penetrating
and penetrated
by my body.

LUPE GÓMEZ

A forxa

Semellaba que o mundo esquecera a forxa.
Non nos decatamos do ferreiro, amoreado
nunha cadeira rota entre as sombras, até que falou.
Amosounos con amor os grandes foles,
os cravos desiguais, as ferraduras, tenaces e martelos
estaban soterrados baixo polgadas de po,
lingotes afundidos no leito mariño.
Movíase como un home baixo a auga,
co equipo de respiración desconectado.
Tocouse a cara e quedoulle unha marca branca.

Semellaba que o mundo esquecera a forxa
pero pola porta entrou voando un carbón en brasa,
unha andoriña, que dende o escuro fundiu
o fresco metal, a fenda afiada da súa estirpe.

MARK ROPER

The Forge

It seemed the world had forgotten the forge.
We didn't notice the smith, heaped on
a broken chair in shadow, until he spoke.
The great bellows he showed us lovingly,
the many different nails, the shoes, tongs, hammers
were buried under inches of dust,
sunken bullion on an ocean floor.
He moved like a man underwater,
breathing equipment disconnected.
He touched his face and the spot stayed white.

It seemed the world had forgotten the forge
but in through the door flew a hot coal,
a swallow, which from the darkness melted
the fresh metal, the sharp chink of her young.

MARK ROPER ⌐

Zona tigre

Non se pode escribir unha elexía a un tigre.

Cando Borges buscaba o terceiro tigre,
aquel que non está no verso e non é o tigre real nin é
o tigre da súa metáfora e do símbolo,

acaso intuía el
desde unha casa dun remoto porto
de América do Sur
que o meu proxenitor estaba nese intre
acabando de pegar o debuxo dun tigre no seu tractor Barreiros
LU-VE 3748
comprado a prazos da pobreza un ano antes do meu nacemento?

Non se pode non
escribir unha elexía a un tigre.

Criatura que collía a terra coas maus
que arrancaba esterco das cortes coma quen turra dunha estrela
cun picaño celeste
todo fereza todo furia
todo instinto
sen máis cultura cá do tigre: o inmenso saber natural
da supervivencia   do amor   do sangue.

Soamente o vin pregar a un deus ignoto unha vez
– quen sabe a que deidade comunal se dirixía axeonllado
    no cortello –
pra que nacera á fin o becerriño
de entre o limoco ancestral da placenta
que aínda me rodea cando escribo.

Tiger Zone

You can't write an elegy for a tiger.

When Borges was searching for that third tiger,
the one that isn't in the poem and isn't the real tiger
or the symbolic tiger of his metaphor,

did he perhaps sense
from a house in some remote port
in South America
that my progenitor was right at that moment
sticking a cartoon tiger onto his Barreiros tractor
reg. LU-VE 3748
bought on the never-never the year before I was born?

You can't no you can't
write an elegy for a tiger.

A creature who tore at the earth with his hands
who scooped manure from the stables as if tossing a star
with a heavenly fork
all fury and ferocity
all instinct
no more cultured than the tiger: that immense mastery
of survival   of love   of blood.

I only ever saw him pray once to some unknown god
– who knows to which common deity he knelt in the stalls
     that day –
so the creature would at last calve
cauled in the ancestral ooze of placenta
which still surrounds me as I write.

Pequeno labrego de Sumatra
veloz por entre cañotos de millo
distribuíndo presadas de mineral sobor do humus
para facer medrar a ferroia os nabos o trigo as fabas o centeo
a túa filla alucinada sente
como o picón do seu espírito se tingue
de raias negras e amarelas
como unha lingua de lume lambe o forno e lle arden as papilas
    gustativas
e o ceo do seu padal é o ceo ao que vas despois da morte

porque non se pode de xeito ningún
escribir unha elexía a un tigre.

Nin sequera a mente humana concibe a súa morte
ante a eterna imaxe da súa elegancia entre as espigas
cando a herba do agro lle chega ata a cintura
e non lle dás corrido cando percorre as leiras os toxais os campazos
da súa propiedade
sen unha mala herba   sen unha silva   na absoluta perfección
da zona tigre
que traballa de xeonllos
que acariña tomates e asenta garabullos que chegan á atmosfera
para guiar as fabas
e enxerta mazairas coa súa pel
denegrida polos astros
límpida lavada sen xabón mil veces pola chuvia
tocada pola graza da saraiba
iluminada polo lóstrego
sutil
que só resplandece na ollada do verdadeiro tigre

aquel que non está no verso nin é o tigre real
nin o tigre da metáfora e do símbolo
e que Borges morreu sen coñecer
pero intuíu

Little Sumatran farmer
swift among the cornfields
as you scatter fistfuls of compost over the soil
to help grow the fodder the turnips the wheat the beans the rye
your daughter astounded
as if the seed of her spirit is dyed
with black and yellow stripes
like the flame of fire that licks the oven burning her taste buds
and the roof of her mouth is where you go when you die

because you can't under any circumstances
write an elegy for a tiger.

Not even the human mind can conceive of his death
in light of the image of his elegance among the corn
with the grass in the meadow up to his waist
and she doesn't run across the fields the gorse the mountainsides
of his land
where not one weed grows   not a bramble   just absolute perfection
of the tiger zone
he works on his knees
caressing tomatoes and settling stakes that will reach the sky
to guide the beans
and to his skin he grafts the apple trees
his skin blackened by the stars
washed clean without soap a thousand times by the rain
touched by the grace of hail
lit by lightning
so delicate
it only strikes the glance of the true tiger

the one that is not in the poem nor the real tiger
or the symbolic tiger of his metaphor,
that Borges died without ever knowing
but felt

desde unha casa dun remoto porto
de América do Sur
xusto no intre en que o meu proxenitor
pegaba o debuxo dun tigre no seu tractor Barreiros
LU-VE 3748
comprado a prazos da pobreza un ano antes do meu nacemento.

Non se pode
non
escribir unha elexía
a un tigre.

OLGA NOVO ∾

from some house in a remote port
in South America
just at that moment when my progenitor
was sticking a cartoon tiger onto his Barreiros tractor
reg. LU-VE 3748
paid for on the never-never the year before I was born.

You can't
no you can't
write an elegy
for a tiger.

OLGA NOVO

UN EDÉN DIFERENTE

E que outra cousa podemos facer
que non sexa o que cómpre
sen importar a perda ou o que deixamos atrás?

(de 'Signals', Kerry Hardie)

A DIFFERENT EDEN

And what can we do
but what must be done,
no matter what is lost or left behind us?

(from 'Signals', Kerry Hardie)

É outra graza

o estrumiño das vacas
é outra cousa
non apura tanto
esterquiño coma o das vacas   non o hai
o das vacas é o das vacas

ten o seu toxiño

e a merda é outra merda
é outra graza

EMILIO ARAÚXO ⌒

Another Blessing

cow muck
is something else
it takes its time
manure like that from a cow   nothing like it
what comes from the cow is the real thing

with its own thorny little gorse

and shit is another shit altogether
that's another blessing

EMILIO ARAÚXO

'Viñeron en grupos'

Viñeron en grupos organizados e chamáronlles bandadas.

Alguén dixo que o nome científico o determinaba o azar ou
    a mitoloxía.
Logo o sangue dispón a caste.

Entón
entraron os paxaros e deshabitei a casa.

Non foron proxectil contra a ventá
                                    porque estaba aberta
ninguén os puido acusar de invadir o noso espazo
                                    porque estaba aberta.

– Din que sempre están abertas as ventás das casas dos pobres.

MIRIAM FERRADÁNS ⟜

156

'They arrived in organised groups'

They arrived in organised groups and were called flocks.

Someone said the scientific name was determined by fate
   or myth.
Later blood provides the caste.

And so
the birds entered and I vacated the house.

They weren't like projectiles against the window
                                    because it was open
nobody could accuse them of invading our space
                                    because it was open.

– They say the windows of the poor are always open.

MIRIAM FERRADÁNS

O home verde

para Patricia Craig

Dende o interior do país viñeches a nós, cabalgando o vento;
de extremidades lixeiras, esgrevio, o olor a xesta na aireada verde
do teu alento; os pantanos rezuman no céspede da túa lingua;
unha bandada de paxaros cantando na follaxe do teu cabelo solto.
Vés avivando a semente, estirando as raíces,
animando a luz do sol na faciana gris de abril.

As nubes enrédanse nos teus membros e os paxariños do ceo
aniñan nas torgas dos teus flancos, na xesta das túas virillas.
Fregas a mañá con lampos de cuco,
polo que hai un novo brillo nas flores e ramaxes, gromos e
    arbustos.
Cando alcanzas e estiras os teus ósos de primavera,
o beo asolaga as pequenas leiras, o canto de cuco das árbores.

Nos eidos dos outeiros, a luz dos teus ollos bota raíces en nós.
Estouramos en pequenos abrochos de esperanza.

CATHAL Ó SEARCAIGH

An Fear Glas

do Patricia Craig

As na cúlchríocha tig tú chugainn ar dhroim na gaoithe;
géagscaoilte, garbhánta, boladh an aiteannaigh ar ghlasghála
d'anála; úsc an chaoráin ar fhód glas do theanga;
ealta éan ag ceiliúr I nduilliúr ciabhach do chúil.
Tig tú ag spreagadh an tsíl, ag cur síneadh I rútaí,
ag gríosadh lí na gréine i ngúis liath an Aibreáin.

Tá scamaill I bhfostú I do ghéaga agus éanacha beaga
na spéire ag neadú I bhfraoch do chléibhe, i bhfál do ghabhail.
Sciúraíonn tú an mhaidin le garbhshíonn na gcuach,
sa chruth go gcuirtear tú searradh as do chnámha earraigh,
cluintear méileach sna cuibhrinn agus cuacha sna crainn.

I mínte an tsléibhe, téann solas do shul I bhfód ionainn.
Tig bachlóga ar ár ndóchas.

CATHAL Ó SEARCAIGH ⇌

THE GREEN MAN
From the back-country you came to us, riding the wind; / loose-limbed,
uncouth, the smell of furze on the verdant squall / of your breath; bogland
ooze on your tongue's grassy sod; / a flock of birds singing in the foliage
of your flowing hair. / You come quickening the seed, stretching roots, /
animating sunlight into the grey countenance of April. // Clouds tangle
in your limbs, and the small birds of the air / nest in the heather of your
flanks, the bush of your crotch. / You scrub the morning with squalls
of cuckoo-time, / so there's a new glow on blossom and bud, bush and
branch. / When you reach and stretch your springtime bones, / bleating
suffuses the small fields, cuckoo-song the trees. // On hill meadows, the
light from your eyes roots in us. / We burst out in little buds of hope.

Durmindo co picapeixe

A súa aparición na cama non foi o sorprendente.
Giraldus dixo que un picapeixe morto mantén as sabas limpas.

Non, o que me sorprendeu foi o tamaño do becho
e o xeito en que me apertou contra o peito seu.

Sentir o seu peteiro ao longo da miña columna.
Estar envolto en ás de zafiro. Sorprendente.

Moito máis espertar e atoparme en chamas,
o meu corazón a semente azul no interior da lapa.

MARK ROPER

Sleeping with the Kingfisher

Its appearance in the bed wasn't surprising.
Giraldus said a dead one kept linen fresh.

No, what surprised was the size of the thing
and the way it hugged me close to its breast.

To feel its bill run the rule down my spine.
To be enfolded in sapphire wings. Surprising.

How much more so to wake and find myself ablaze,
my heart the blue seed in a blossom of flame.

MARK ROPER

Ao xeito de Amergin

Eu son a troita que se perde
entre os pasais de pedra.
Eu son o meixón que resiste
baixo a pontella.
Eu son o lebracho que almorza
preto da sebe de fucsias.
Eu son o armiño que baila
ao redor da rocha informe.
Eu son a madeixa de la de ovella
ensarillada no arame de espiño.
Eu son a lama e o cuspe
que dan forma ao niño da andoriña.
Eu son a música de seixos
do chasco rabipinto.
Eu son o corvo altivo
co ollo no ollo do año.
Eu son o mazarico noitébrego
que asubía na boca da cheminea.
Eu son o morcego no firmamento,
na casa entre as rexións de estrelas.
Eu son a pinga de choiva
que cala o liño ou pimpinela.
Eu son a flor da ninfea
e as orquídeas que nacen en espiral.
Eu son o trebón de auga
que penetra polo burato da chave.
Eu son a sarabia chamiza
que se derrete a carón do lar.
Eu son a toba da lontra
e a paleira do teixugo nas dunas.
Son o teixugo que afoga

After Amergin

I am the trout that vanishes
Between the stepping stones.
I am the elver that lingers
Under the little bridge.
I am the leveret that breakfasts
Close to the fuchsia hedge.
I am the stoat that dances
Around the erratic boulder.
I am the skein of sheep's wool
Wind and barbed wire tangle.
I am the mud and spittle
That make the swallows' nest.
I am the stonechat's music
Of pebble striking pebble.
I am the overhead raven
With his eye on the lamb's eye.
I am the night-flying whimbrel
That whistles down the chimney.
I am the pipistrelle bat
At home among constellations.
I am the raindrop enclosing
Fairy flax or brookweed.
I am waterlily blossom
And autumn lady's tresses.
I am the thunderstorm
That penetrates the keyhole.
I am the sooty hailstone
Melting by the fireside.
I am the otter's holt and
The badger's sett in the dunes.
I am the badger drowning

nas crebas das mareas vivas.
Son a lontra que morre
deitada enriba do túmulo.

MICHAEL LONGLEY

At spring tide among flotsam.
I am the otter dying
On top of the burial mound.

MICHAEL LONGLEY ⌒

'Qué esforzo o do verme'

Qué esforzo o do verme
abrindo

Voar un día
tan maina

e ó cabo non ser.

CÉSAR SOUTO VILANOVA ⁓

'What an endeavour the chrysalis'

What an endeavour the chrysalis
opening

Taking flight
one soft day

and in the end to not exist.

CÉSAR SOUTO VILANOVA

Á mañá comeza sempre co mar

entra nas súas bóvedas de vidro
mentres se abanea e ergue o corpo cara á luz

famento de cantil e area,
unha fina liña divisoria tatuada

nas marxes do seu breviario,
lavaduras azuis sobre papel secante.

Pero é amable cos bañistas, buzos,
estrelas de cinco puntas, a pel salgada dos soñadores,

ao mediodía hai algo como de danza
nos movementos seus,

obedece a un latido
que cambalea febril, inquedo, criba

os bordes, ábrese de par en par,
inhala o sol con boca de negra uva.

Atende á música nas súas profundidades:
as estrofas eternas de luminoso amencer

do canto das focas e a chamada das baleas,
a resoar nunha ampla pista de baile.

Vai cara ao sur verdadeiro, pousa o oído a 30 pés de xeo
para escoitar os coros dos afogados.

EVA BOURKE

In the mornings always start with the sea

enter its glass vaults as it sways
and lifts its body towards the light

hungry for land and cliff
a fine dividing line inked

on the margins of its breviary,
blue washes on blotting paper.

But it is kind to swimmers, divers,
five-fingered stars, the salt skin of dreamers,

at noon there is something dance-like
in its movements, it

obeys a wavering
beat, febrile, restive, sifts

through edges, opens wide,
inhales the sun with grape-black mouth.

Listen for music in its depths:
the drawn-out dawn-lit stanzas

of seal song and whale call spilling,
echoing across a wide dance floor.

Go true south, press your ear to 30 feet of ice
to hear the choirs of the drowned sing.

EVA BOURKE ⌒

Antes da antropoloxía

Antes das primeiras palabras en Irlanda
había escasas árbores, posglaciares,
e as aves do norte.

Antes dos eslombados primates
do Bann e a súa caravana
da historia

había paisaxes subárticas:
bancos de arenques
e outeiros de tundra sen nome.

Encamíñome por vieiros arcaicos
seguindo a Praeger e de Buitléar
cara ao interior salagre,

ou cara abaixo até a ribeira,
cara aos perdidos continentes boreais
antes ca min e a miña historia

onde non hai bivaque xeado,
e ninguén viste anorak
entre min e o somorgullo.

A nosa arqueoloxía comeza
nos primeiros asentamentos
de pole de bidueiro;

o óso que coñecemos
é un oso que morreu na cova
hai moito tempo.

Before Anthropology

Before the first words in Ireland
there were sparse, post-glacial trees,
and northern birds.

Before the hunched primates
of the Bann and their caravan
of history

there were sub-arctic vistas:
herring grounds,
and tundra hills unnamed.

I take paleo-paths
after Praeger and de Buitléar
into rugged interiors,

or down to the rim of the sea,
to the lost boreal continents
before me and my story

where there's no freezing bivouac,
no manned anorak
between me and the loon.

Our archaeology begins
in the first settlings
of birch pollen;

the bone we know
is a bear dying in a cave
long ago.

Antes de chegar ao museo,
veñen novas follas latifolias
nun clima máis temperado.

Barcas redondas chegan á costa norte
cargadas de condicións e tótems,
e chocan os da miña especie.

Moito sangue secou
na longa crónica
da paixón, odio e vaidade.

Todo está nos arquivos
aos que servín
e servirei de novo;

porque hai moito máis que facer
e máis que dicir, afirma un amigo
de gran corazón.

E en todo o que fago
e digo, está a escena
que prefire o corazón,

esa primeira soidade
de árbores
e aves do norte.

SEÁN LYSAGHT

Before I get to the museum,
new broadleaves come hither
in milder weather.

Coracles reach a northern shore
loaded with term and totem,
and hatch my kind.

Much blood has dried
in the long chronicle
of passion, hate, and vanity.

It's all there in the archives
I have served
and will serve again;

because there's more to do
and more to say, says a friend
who's great of heart.

And in all I do
and say, there's the scene
the heart prefers,

of that first loneliness
of trees
and northern birds.

SEÁN LYSAGHT ⇋

Terra de ninguén

Ser somos pedras en cío,
Ollos de mar no alto da serra,
Somo vento á espreita nas esquinas,
Somos turbeiras a levedar píntegas de luz sideral,
Cabaliños do demo en brañas de saudade,
Somos auga que afoga e se levanta,
Somos soños e sombras nas viñetas dos petróglifos,
Somos boticas dos valados,
Somos papoulas que limpan o medo,
Somos malvas nas frieiras das mans lavandeiras,
Somos a herba dos carpinteiros,
Somos toda espiña, toda chor,
Somos fervenza e extravío,
Terra nosa, terra de ninguén, país que fica fóra.
Somos a Cova de Becha,
Somos Os Milaghres de Trapa,
O Monte dos Arruídos,
A Lapa da Moura,
Somos gneis de ollo de tigre nos altos cumes,
Somos breixeiras, xunqueiras, matogueiras,
Somos azulenta, sapo cunqueiro,
Somos bestas de cantil
A rinchar pigmentos de roibén nas nubes,
Somos escuridade a verdear rosada,
Somos o protesto dos mortos
nas mámoas de Chan de Montes e Bromús.
A deusa, corpo de ourizo, vén de findar na estrada.

MANUEL RIVAS ⤳

No Man's Land

Just stones in heat,
Eyes of the sea on high mountains,
We are wind hidden in the corners,
We are bogland leavening salamanders of stellar light,
Dragonflies in sloughs of nostalgia,
We are water that drowns and rises,
We are dreams and shadows on the petroglyphs,
We are medicine chests in the stone walls,
We are poppies that cleanse fear,
We are mallow on the chilblains of washerwomen's hands,
We are the yarrow
We are every thorn, every flower,
We are waterfall and we are wandering,
Our land, no man's land, a country left out in the cold.
We are Cova da Becha,
We are Milaghres de Trapa,
Monte dos Arruidos,
Lapa da Moura,
We are the gneiss of tiger's eye on the peaks,
We are heather-strewn hills, reed swamps, the thick scrubland,
We are hedge warbler, the common toad,
We are clifftop mares
Whinnying crimson glow in the clouds,
We are darkness greening to pink,
We are the outcry of the dead
under the cairns on Chan de Montes and Bromús.
The goddess, a hedgehog's body, has just died on the road.

MANUEL RIVAS

Cando os animais marchan levan a súa menciña con eles

O derradeiro lobo irlandés foi erradicado no ano 1786.
No ano 1950 había 36 millóns de ourizos en Gran Bretaña,
no ano 2013, un millón.

E a lontra, baixando o seu temón,
deixou de navegar.

A garza abandonou a lenta elegancia de seu.
A curuxa depuxo a sabedoría.

Bandadas de tordos negáronse a erguerse á vez.
O cervo deixou de coidar da manda.

O raposo apagou a chama vermella do seu abrigo.
O esquío cesou a prudente reserva súa.

No seu estanque, as troitas
abandonaron a camuflaxe.

A couza deixou
de procurar a luz.

O teixugo ceibou a presión da queixada
e liberou a fráxil terra.

Pero entón un misterio

e a lontra comezou de novo a navegar.
A garza retomou a lenta elegancia de seu.

A curuxa reclamou o oráculo.
A laverca ergueu a súa canción por riba do moural.

When the Animals Leave They Take Their Medicine With Them

The last Irish wolf was eradicated in 1786.
In 1950 Britain had thirty-six million hedgehogs,
in 2013, one million.

And Otter, putting down her rudder,
ceased to steer.

Heron abandoned slow grace.
Owl forsook wisdom.

Flocks of field-birds refused to rise as one.
Stag ceased to guard the herd.

Fox extinguished her coat's red flame.
Squirrel left off prudent reserve.

In their pool the speckled trout
gave up camouflage.

Moth stopped searching
for the light.

Badger released his jaw
and let go the fragile earth.

But then some mystery

and otter began again to steer.
Heron resumed slow grace.

Owl reclaimed foresight.
Lark lifted her song above the moor.

Outra volta as abellas
legaron os movementos da súa danza.

Outra volta a eiruga entrou na crisálida
e retomou a tarefa ardua de transformarse.

Outra volta tensou a queixada teimuda o teixugo.

GRACE WELLS

Again the bees
passed on the steps of their dance.

Again caterpillar entered the chrysalis
and took on the arduous task of transformation.

Again badger set a tenacious jaw.

GRACE WELLS ⌒

NOTES

p. 21 & p.127 The word *aldea* carries a particular social and cultural weight in Galicia that signifies a form of rural living, which many have abandoned, while others are rediscovering. It refers to a small village, and is often translated as 'hamlet,' though as this tends to sound anachronistic, and due to there being over 30,000 *aldeas* today across Galicia, we have chosen to leave the word in its original. We urge you to travel to Galicia and discover for yourself just some of those *aldeas*.

p. 66 / 67 This poem was written in response to the Prestige Disaster, when the *MV Prestige,* an oil tanker, sank off the coast of Galicia in November 2002. An estimated 60,000 tonnes of heavy fuel oil were spilled creating the largest environmental disaster in the history of both Spain and Portugal. The 'Nunca Mais' movement (Never Again), of ecocriticism was and still is particularly vocal as a result of the Prestige Disaster. Many of the Galician poets included here are founder-members of that movement.

p. 126 / 127 This poem is an excerpt from the book-length poem *Auga a Traves* (Apiario, 2016), by Dores Tembras, which documents the flooding of two villages in the Galician region of Ourense in order to create a reservoir – a very common occurrence throughout Franco's Spain. The inhabitants of the villages could do nothing to save their land or their homes, and knowing that everything was about to be lost, several villagers grabbed their domestic cameras and started filming. Their images, recorded since the mid-1960s, constitute a valuable historical and ethnographic document. The poems further document the flooding of the village, and its subsequent reappearance during the drought of 2012. For more c. the documentary *Os días afogados* (The Drowned Days), by César Souto Vilanova and Luis Avilés Baquero.

p. 174 / 175 As a Galician dinnseanchas, the place names in this poem are as much about their symbolic as their geographical significance. They are all caves, dolmens, or mountains with petroglyphs; all locations associated with Galician mythology and a magical past. Their names in Galician emphasise this: The Cave of the Beast, The Miracles of Trapa, The Tunnel of Darkness etc.

CONTRIBUTORS

MARILAR ALEIXANDRE (b. Madrid, 1947). *Mudanzas e outros velenos,* Galaxia, 2017. *www.marilar.gal.*

EMILIO ARAÚXO (b. Coles, 1946). *Seica si,* Chan da Pólvora Editora and amastra-n-gallar, 2017.

EVA BOURKE (b. Germany, 1946). *Seeing Yellow,* Dedalus Press, 2018.

PADDY BUSHE (b. Dublin, 1948). *Second Sight* and *Peripheral Vision,* Dedalus Press, 2020.

MOYA CANNON (b. Dunfanaghy, Co. Donegal, 1956). *Collected Poems,* Carcanet Press, 2021. *www.moyacannon.ie*

ESTEVO CREUS (b. Cee, 1971). *O lugar que non hai,* Chan da Pólvora, 2018.

MOYRA DONALDSON (b. Newtownards, 1956). *Bone House,* Doire Press, 2021. *www.moyradonaldson.com*

THEO DORGAN (b. Cork, 1953). *www.theodorgan.com*

MIRIAM FERRADÁNS (b. Bon/Bueu, 1982). *Agosto,* Apiario, 2019.

LUPE GÓMEZ (b. A Coruña, 1972). *Sílabas da Peste* – González Garcés Prize, 2020. *https://circumferencebooks.com/book/gomez-camouflage/*

EAMON GRENNAN (b. Dublin, 1941). *Out of Sight: New and Selected Poems,* Greywolf Press, 2010.

KERRY HARDIE (b. Singapore, 1951). *Selected Poems,* The Gallery Press / Bloodaxe Books, 2011.

SEÁN HEWITT (b. Warrington, 1990). *Tongues of Fire,* Cape Poetry, 2020. *www.seanehewitt.com*

MICEÁL KEARNEY (b. Galway, 1980). *The Inexperienced Midwife,* Arlen House, 2016.

MICHAEL LONGLEY (b. Belfast, 1939). *The Candlelight Master,* Cape Poetry, 2020.

SEÁN LYSAGHT (b. Cork, 1957). His most recent collection is *Carnival Masks,* The Gallery Press, 2014.

PAULA MEEHAN (b. Dublin, 1955). *As If By Magic: Selected Poems,* Dedalus Press, 2020.

CEAITÍ NÍ BHEILDIÚIN (b. Rush, Co. Dublin). *Agallamh sa Cheo, Cnoc Bhréanainn 52.2352°T, 10.2544°I,* Coiscéim, 2019.

AILBHE NÍ GHEARBHUIGH (b. Kerry, 1984). *The Coast Road,* poems in Irish with English translation, The Gallery Press, 2016.

DOIREANN NÍ GHRÍOFA (b. Galway city, 1981). Her most recent book is *To Star the Dark,* Dedalus Press, 2021. *www. doireannnighriofa.com*

OLGA NOVO (b. Vilarmao, 1975). *Feliz Idade* – National Poetry Prize, Spain – Kalandraka, Tambo, 2019.

SIMON Ó FAOLÁIN (Baile Átha Cliath, 1973, is tógadh é i gCorca Dhuibhne). An cnuasach is déanaí uaidh ná *Fé Sholas Luaineach* (Coiscéim 2013). Simon Ó Faoláin (b. Dublin,

1973 and raised in the West Kerry Gaeltacht). His most recent collection is *Fé Sholas Luaineach,* Coiscéim, 2013.

MARY O'MALLEY (b. Errismore, Connemara, Co Galway). Her latest collection *Gaudent Angeli* was published by Carcanet in 2019.

CATHAL Ó SEARCAIGH (b. Dún na nGall). His most recent selected poems, *Crann na Teanga / The Language Tree,* The Irish Pages Press, 2018.

PILAR PALLARÉS (b. A Coruña). *Tempo fósil,* Chan da Pólvora, 2018. *Fossil Time,* Small Stations Press, 2021.

CHUS PATO (b. Ourense, 1955). *Un Libre favor,* Galaxia, 2019. *The Face of the Quartzes* (translation Erín Moure), Veliz Books, 2021. *www.velizbooks.com*

LUZ PICHEL (b. Alén, Lalín). *DIN DIN DON,* Cartonera del Escorpión Azul, 2021.

XAVIER QUEIPO (b. Santiago de Compostela, 1957). *Home invisíbel,* Caldeirón, 2017. *www.xavierqueipo.gal*

MANUEL RIVAS (b. Monte Alto, A Coruña, 1957). *A boca da terra,* Xerais, 2015. *The Mouth of the Earth* (translation Lorna Shaughnessy), Shearsman Books, 2019.

JANE ROBINSON is the 2021 Red Line Book Festival Writer-in-Residence and lives in Dublin. *http://janerobinson.ie/*

ANA ROMANÍ (b. Noia, 1962). *A desvértebra,* Chan da Pólvora, 2020.

MARK ROPER (b. Swanwick, Derbyshire, 1951). *www.mark-roper.com*

DANIEL SALGADO (b. Monterroso, 1981). *Os paxaros e outros poemas,* Xerais, 2021.

CÉSAR SOUTO VILANOVA (b. Noia, 1975). *Campo aberto,* Editorial Galaxia, 2018.

DORES TEMBRÁS (b. Bergondiño, 1979). *Auga a través,* Apiario, 2016. *www.dorestembras.com.*

ÁINE UÍ FHOGHLÚ (b. London, 1959). Her most recent collection is *Ar an Imeall,* Coiscéim, 2011. *www.waterfordwriter.com*

GRACE WELLS (b. London, 1968). *Fur,* Dedalus Press, 2015.

NIDHI ZAK /ARIA EIPE (born in India and raised across the Middle East). *Auguries of a Minor God,* Faber & Faber, 2021.

CREDITS AND ACKNOWLEDGEMENTS

The poems in this volume are drawn from the following books and periodicals. The editors would like to thank the poets and the copyright holders for granting their permission to reproduce them.

MARILAR ALEIXANDRE: 'Arde o Pindo', in *Mudanzas e outros velenos* (Galaxia, 2017). EMILIO ARAÚXO: 'Munguir', in *Cinsa do vento: libro da Ribeira Sacra* (Noitarenga, 1996); 'Estamos salvados', 'As silvas teñen máis dentes' and 'É outra graza', in *Seica si* (Chan da Pólvora / Amastra-N-Gallar, 2017). EVA BOURKE: 'In the mornings always start with the sea', in *piano* (Dedalus Press, 2011); 'Wilderness', in *Seeing Yellow* (Dedalus Press, 2018). PADDY BUSHE: 'Buddha Considers the Baraois', in *My Lord Buddha of Carraig Éanna* (Dedalus Press, 2012). MOYA CANNON: 'Scríob', in *The Parchment Boat* (Gallery Press, 1997); 'Oysters', in *Carrying the Songs* (Carcanet, 2007). ESTEVO CREUS: 'e entón é entón', in *balea2* (Positivas, 2011). MOYRA DONALDSON: 'Return', in *Carnivorous* (Doire Press, 2019). THEO DORGAN: 'The Question', in 'Keep it in the ground: a poem a day' (*The Guardian,* 2015). MIRIAM FERRADÁNS: 'Viñeron en grupos organizados e chamáronlles bandadas', in *Deshabitar unha casa* (Concello de Outes, 2017). LUPE GÓMEZ: 'No río', in *Os teus dedos na miña braga con regra* (Xerais, 1999). EAMON GRENNAN: 'Lying Low', in *Wildly for Days* (Gallery Press, 1983); 'Among the Elements in a Time of War' and fragment from 'Know Your Place', in *There Now* (Gallery Press, 2015). KERRY HARDIE: fragment from 'Signals', in *Cry for the Hot Belly* (Gallery Press, 2000). SEÁN HEWITT: 'Oak Glossary', in *Tongues of Fire* (Jonathan Cape, 2020). MICEÁL KEARNEY: 'Under a Sapling Beech', in *Inheritance* (Doire Press, 2008).

MICHAEL LONGLEY: 'After Amergin', in *Unde Scribitur* (Ponc Press, 2018) and *The Candlelight Master* (Jonathan Cape, 2020). SEÁN LYSAGHT: 'Before Anthropology', in *Noah's Irish Ark* (Dedalus Press, 1989); 'Erris', in *Erris* (Gallery Press, 2002). PAULA MEEHAN: 'Death of a Field', in *Painting Rain* (Carcanet, 2009). CEAITÍ NÍ BHEILDIÚIN: 'Fear an Rotha', in *Teorainn Bheo* (Coiscéim, 2007). AILBHE NÍ GHEARBHUIGH: 'Bóín Dé', in *The Coast Road* (Gallery Press, 2016, English translation by Justin Quinn). DOIREANN NÍ GHRÍOFA: 'Baleen', in *The Level Crossing* 1 (Dedalus Press, 2016). OLGA NOVO: '29 de xaneiro do 2002', in *A cousa vermella* (Espiral Maior, 2004); 'Lobo', in *Cráter* (Toxosoutos, 2011); 'Zona tigre', in *Feliz Idade* (Kalandraka, 2019). SIMON Ó FAOLÁIN: 'An Fál', in *Anam Mhadra* (Coiscéim, 2008). MARY O'MALLEY: 'Area of Scientific Interest', in *Asylum Road* (Salmon Poetry Press, 2001); 'The Rat', in *Playing the Octopus* (Carcanet, 2016). CATHAL Ó SEARCAIGH: 'An Fear Glas', in *An Fear Glas / The Green Man* (Arlen House, 2014, English translation by Frank Sewell). PILAR PALLARÉS: 'Subitamente regresa o meu siléncio', in *Negra sombra. Intervención poética contra a marea negra* (Espiral Maior / Xerais / Federación de Libreiros de Galicia, 2003); 'Soña', in *Tempo fósil* (Chan da Pólvora, 2019). CHUS PATO: 'Silvaescura', in *Carne de Leviatán* (Galaxia, 2016); 'Da aguia', in *Un libre favor* (Galaxia, 2019). LUZ PICHEL: 'Sachando na horta' and 'O nome das cousas', in *Casa pechada* (Sociedade de Cultura Valle-Inclán, 2006); 'dentro da fraga dormen os bichos', in *Tra(n)shumancias* (La Palma, 2015). XAVIER QUEIPO: 'Enumeración nunha praia do norte', in *Glosarios* (Espiral Maior, 2004). MANUEL RIVAS: 'Philos' and 'Terra de ninguén' (previously uncollected). JANE ROBINSON: 'Lament for an Extinct Species' and fragment from 'Memories of Flight at the Life Museum', in *Journey to the Sleeping Whale* (Salmon Poetry

Press, 2018). ANA ROMANÍ: 'Esas osamentas que a luz deita no terrazo', in *Estremas* (Galaxia, 2010). MARK ROPER: 'Sleeping with the Kingfisher', in *New and Selected Poems* (Dedalus Press, 2008); 'The Forge' and 'Keep-Net', in *A Gather of Shadow* (Dedalus Press, 2012). DANIEL SALGADO: 'Corvos, corvos', in *Os paxaros e outros poemas* (Xerais, 2021). CÉSAR SOUTO VILANOVA: 'Que esforzo o do verme', in *Sucesos* (Deputación Provincial de Pontevedra, 2004); fragment from 'Non haberá', in *Campo aberto* (Galaxia, 2018). DORES TEMBRÁS: 'aquí', in *Auga a través* (Apiario, 2016). ÁINE UÍ FHOGHLÚ: 'An Spéir Bhuí', in *An Liú sa Chuan* (Coiscéim, 2007). GRACE WELLS: 'Dear Holdridge' and 'When the Animals Leave They Take Their Medicine With Them', in *Fur* (Dedalus Press, 2015). NIDHI ZAK / ARIA EIPE: 'Be/cause', in *Auguries of a Minor God* (Faber & Faber, 2021).

We would like to extend our gratitude to a number of people who have contributed in different ways to make this book possible: Erín Moure, for her generous permission to publish her translations of Chus Pato's 'Silvaescura' / 'Wilds' from *Flesh of Leviathan,* Trans. Erín Moure, Omnidawn Books, 2016; and 'Da aguia' / 'from the eagle' from *The Face of the Quartzes,* Trans. Erín Moure, Veliz Books, 2021; Simon Ó Faoláin for his careful selection of the Irish language poems; Manuela Palacios González for her championing of this anthology and for her tireless work on behalf of Irish and Galician poetry; and cover artist Rachel Parry. Thank you also to Pat Boran and Raffaela Tranchino of Dedalus Press.

© Javier Teniente

KEITH PAYNE is the 2021 John Broderick Writer in Residence. An award-winning poet and translator, he has published seven collections to date of original poetry and poetry in translation and currently shares his time between Dublin and Vigo. He was the Ireland Chair of Poetry Bursary Award winner 2015–2016.

LORNA SHAUGHNESSY has published four poetry collections with Salmon Poetry, most recently *Lark Water* (2021). She lectures in Hispanic Studies in NUI Galway and translates Galician, Spanish and Latin American poetry. She is the Director of *Crosswinds: Irish and Galician Poetry and Translation,* a collaboration of poets, translators and academics in Galicia and Ireland.

MARTÍN VEIGA is a Galician poet and translator. He lectures in Hispanic Studies at University College Cork and is the director of the Irish Centre for Galician Studies. He has published six poetry collections in Galician, including a ganancia e a perda (2020), and the bilingual anthology *Alfaias na lama: poesía selecta 1990–2020 / Jewels in the Mud: Selected Poems 1990–2020.*

Born in A Coruña in 1978 ISAAC XUBÍN is an award-winning poet, writer, and translator. He holds a degree in Galician Philology and an MA in Language Policy and Planning. As a teacher and researcher, he wrote a Galician-Basque dictionary and taught Galician Language

© Davide Cabaleiro

and Culture in University College Cork. His first novel, *Non hai outro camiño* (2016) was awarded with the Spanish Critics Prize in Galician Language.

The publication of this book has been kindly supported by funding provided by the following bodies and institutions: NUI Galway 2020 Fund and College of Arts, Social Sciences and Celtic Studies, NUIG; Irish Centre for Galician Studies, University College Cork; Spanish Ministry for Science, Innovation and Universities; Agencia Estatal de Investigación; and European Regional Development Fund through the research project *The Animal Trope: An Ecofeminist Analysis of Contemporary Culture in Galicia and Ireland* (PGC2018-093545-B-I00 MCIU/AEI/ERDF, UE), based at the Universidade de Santiago de Compostela.

Esta obra recibiu unha subvención da Consellería de Cultura, Educación e Universidade da Xunta de Galicia.
This work received a grant from the Ministry of Culture, Education and Universities of the Xunta de Galicia.